27

L n 13342
H.

HISTOIRE

DE LOUIS

MANDRIN,

DEPUIS SA NAISSANCE JUSQU'A SA MORT ;

Avec un détail de ses cruautés, de ses brigandages et de ses supplices.

Raro antecedentem scelestum
Deseruit pede Pœna claudo.
Horat. Lib. III. Od. 2.

A ÉPINAL,
Chez PELLERIN, Imprimeur-Libraire.

1827.

LOUIS MANDRIN.

HISTOIRE

DE

MANDRIN,

Depuis sa naissance jusqu'à sa mort.

Les Brigands ne doivent pas trouver place dans l'histoire. On blâme Saluste de nous avoir appris que Rome a eu un Catilina. Il semble que tous les chefs de voleurs aient trouvé quelque gloire à marcher sur ses pas. Cependant le supplice qu'ils ont en perspective aurait dû mettre une barrière à leurs crimes. Cartouche a péri sur la roue, Mandrin a eu le même sort. C'est toujours par-là que finissent les brigands, les assassins et les incendiaires. On n'a jamais vu le coupable jouir impunément de son crime.

Louis MANDRIN, naquit à Saint-Etienne de Saint-Gérois, en Dauphiné, le 30 du mois de mai, en l'an 1724; son père était un homme du petit peuple, qui ne subsistait que par son travail et par ses vols. Quelques faux monoyeurs lui ayant appris à fabriquer des espèces, il crut avoir trouvé le chemin de la fortune ; mais il prenait celui de l'échafaud. Cet art lui réussit mal ; Mandrin fut dénoncé et poursuivi. Quelque temps après, il eut la témérité de faire feu sur quelques gardes, il fut tué dans le combat.

Le jeune Mandrin apprit la mort de son père, et il jura de la venger : il hérita de quelques outils propres à la fabrication des monnaies, et plus encore de ce genre d'ambition qui nous porte aux grandes actions et aux crimes. A peine fut-il en état de manier le marteau, qu'il s'exerça à contrefaire les monnaies ou à les altérer. La guerre survint : Mandrin s'enrôla, et fit assez bien le métier de soldat, qu'il n'eût jamais dû quitter. C'est peut-être ce qui a fait croire au peuple que ce brigand avait été officier et décoré des honneurs réservés aux militaires. La croix qu'on lui a vue a été prise à un officier qu'il a poignardé, et le nom de capitaine qu'on lui donne est un titre qu'il a pu porter comme chef d'une bande de contrebandiers, et de voleurs.

La guerre n'était pas encore finie lorsque Mandrin déserta et emmena avec lui deux camarades. Son capitaine, qui l'aimait, ne voulut pas le déclarer ni envoyer son signalement ; il espérait le ramener par ce ménagement, qui devint fatal à lui-même. Pendant ce temps Mandrin se faisait une bande qui grossissait chaque jour, et qui l'avait adopté pour chef. On lui trouvait de l'esprit, une adresse admirable et du bonheur. Mandrin avait une éloquence naturelle qui persuadait, l'imagination vive, du courage pour former de grandes entreprises, et de l'audace dans le succès. Un crime lui coûtait peu lorsqu'il le jugeait nécessaire à sa vengeance ou à ses projets. Cependant il avait l'art de montrer de la candeur ; on eût pris son front pour le siége de la candeur même ; il fallait étudier ses yeux pour démêler cette humeur farouche qu'il cachait avec soin, et qu'il ne déployait que dans ses fureurs. Ses discours roulaient toujours sur la probité, et jamais homme n'en eut moins. On lui donne une taille avantageuse, les cheveux noirs, les sourcils épais, le nez aquilain, les traits réguliers, la poitrine large, la jambe belle, et une force prodigieuse. Talens malheureux qui marquent une méprise de la nature, ou une corruption plus grande dans celui qui en abusa par l'usage qu'il en fit. Tel était le fameux brigand dont j'écris les actions.

La côte de Saint-André a beaucoup de rochers qui peuvent servir de retraite à ceux qui ne veulent en prendre une dans des lieux habités ; Mandrin y choisit un asile. Il était âgé d'environ de 20 ans, et il se voyait à la tête de dix ou douze déserteurs, qui le regardaient comme leur père, et qui ne vivaient que par sa fatale industrie. Leur

A peine fut-il engagé dans le défilé, qu'il lui cassa les reins d'un coup de pistolet.

genre de vie était assez triste ; ils fabriquaient pendant la nuit, et n'osaient paraître dans le jour. Mandrin, plus hardi, se montrait dans les foires, où il faisait des emplettes. On remarque qu'il s'adressait toujours aux marchands les plus éloignés, de peur que le nombre de fausses espèces ne laissât le soupçon dans le pays. Il avait même soin de se travestir : tantôt il paraissait en militaire, tantôt il était en religieux ou en bourgeois. Au retour on évaluait la marchandise, on la faisait vendre par un homme affidé, et le capitaine avait toujours une part distinguée dans les partages.

Trois ans s'étaient écoulés dans ce commerce lorsque le capitaine de Mandrin revint au pays. Il fit dire au frère de celui-ci que si son soldat ne rejoignait pas le régiment, il allait le dénoncer comme déserteur et le faire punir. Cette nouvelle fut portée à Mandrin, et le mit en fureur. Il recommanda à son frère de s'informer exactement des endroits que fréquentait l'officier. On lui nomma un jour auquel il devait passer au bas de la côte : Mandrin se mit sur le chemin avec des pistolets. Dès qu'il l'aperçut de loin, il fut à lui et le pria avec l'air le plus humble de ne point le perdre. Il lui offrit même une somme pour son congé, et lui montra, à quelques pas de là, une petite maison qu'il dit être celle de sa mère, en le priant d'y entrer pour accorder les choses. L'officier tourna bride sans former aucun soupçon. A peine fut-il engagé dans le défilé que Mandrin lui cassa les reins d'un coup de pistolet, puis se tournant vers le domestique, il lui brûla la cervelle. Ses gens enlevèrent le corps, et le crime ignoré demeura impuni. Mandrin continua son commerce.

Qui croira que le cœur de ce barbare, qui massacrait avec inhumanité et par ingratitude, osait se montrer sensible à l'amour ? Ce sentiment qui commande aux passions ou qui les éteint, semble ne jeter que de la douceur dans l'ame. Si les amans se portent aux extrêmes, c'est dans la vue de posséder l'objet qui fait leur félicité, et ils agissent par aveuglement ou par désespoir, mais ils ne sont ni cruels ni sanguinaires. Mandrin, tantôt tranquille, tantôt féroce, réunissait dans lui les vices les plus opposés, et il aimait. Quel hommage pour une belle que celui d'un tel cœur !

Un gentilhomme avait laissé en mourant deux filles extrêmement belles. Mandrin épris des charmes de la cadette, chercha à lui marquer son amour. Il parla, il ne fut point écouté ; il écrivit des lettres, on ne voulut pas les lire ; il fit des présens, on les refusa. Cette rigueur le mettait au désespoir, et l'envie de réussir le jetait dans des pensées continuelles. La fabrique des monnaies souffrait quelques interruptions, et les comptes qu'il rendait à ses compagnons n'étaient pas toujours fidèles. Un d'entr'eux s'aperçut que le maître avait le cœur blessé, et s'offrit pour le guérir. « Je te fais mon second, lui dit Mandrin, si tu en viens à bout ; je me déferai de mon lieutenant Perrinet, qui m'ennuie, et te donnerai ma confiance et sa place. » Il y a des intrigues parmi les brigands, R*** fut très-flatté de pouvoir supplanter son lieutenant, et bigua l'honneur d'être le second voleur de la bande. Il était neveu de ce R***, qui fut espion pour les Sévégnols, en 1712, et qui a ramé dix à douze ans à Marseille. Il voulut gagner la roue, à laquelle M. son oncle avait échappé. « Vous êtes embarrassé, dit-il à son maître, je pénètre la cause des refus que l'on vous fait essuyer. Celle que vous aimez est noble ; vous n'avez peut-être pas eu le courage de dire que vous l'êtes ; il faut vous appeler monsieur du Mandrin, dire souvent ma terre, mes gens, mes chevaux, mon équipage. On écoutera vos titres, et l'amour se glissera à l'ombre de votre noblesse. Tu me fais ouvrir les yeux, dit Mandrin, je commence à m'apercevoir que ma roture ne figure pas bien à côté de la noblesse de mon amante, et que l'orgueil du sang peut étouffer dans elle les sentimens du cœur. Je suis donc monsieur du Mandrin. Mais pourrai-je en soutenir le personnage ? Rien de plus facile, reprit R***, donnez-vous un laquais qui vous dira, monsieur le baron du Mandrin ; prenez un petit air aisé ; regardez de côté tout ce qui sentira la roture ; gardez-bien de reconnaître ceux que vous connaissez : répondez quelquefois par monosyllabes ; caraissez souvent votre menton ; étendez-vous dans un fauteuil, ou levez-vous brusquement en fredonnant quelques airs, et marchez en pesant votre corps, sans appuyer le talon, ce qui est trop commun : il faut bien tant de choses pour être baron dans un village. On dira : Cet homme a de la naissance, car il se montre sur un ton qu'un roturier ne prendrait pas devant la noblesse. » Mandrin partit avec ces admirables instructions. Le titre de baron ne nuisit pas à ses projets; on le trouva bien maniéré et le cœur noble, et on ne l'interrompit plus lorsqu'il parla d'amour ; on parut même lui permettre d'espérer. Il peignit toute sa passion dans ses yeux; il serra tendrement la main de celle qu'il aimait, et on ne se fâcha pas ; mais comme il ignorait si un baron avait droit de baiser la main pour une première fois, il la quitta respectueusement sans oser le faire, et il se retira.

Pendant ce temps les choses avaient bien changé de face dans la caverne. Un des compagnons, qui avait eu horreur du meurtre commis, avait quitté la bande. Le vigilant Roquairol, qui s'en était aperçu, avait fait enlever à la hâte les marteaux, le balancier, les coins, les espèces et les matières préparées, et avait couru en instruire son capitaine, en taxant Perrinet de peu de capacité et d'indolence. Les archers prirent mal leurs mesures; ils marchèrent tous ensemble, et se présentèrent en plein jour à l'embouchure de la caverne. Le brigadier fit grand bruit, et les précéda en criant, tue, tue. Ils pénétrèrent, et ne trouvèrent que quelques mauvais outils; des fourneaux et des soufflets. Ils ne s'aperçurent pas même d'une grosse pierre qui masquait un enfoncement dans lequel Perrinet, trompé par Requairol s'était endormi avec un autre. Un d'entr'eux proposa d'y passer la nuit, l'avis fut goûté, on se cantonna dans les coins, croyant faire capture de la bande entière. Mauvaise façon de s'y prendre! Il n'y eut dans tout cela que Perrinet qui passa la nuit fort mal à son aise, les autres fuyaient pendant ce temps ; et si on avait battu la campagne, on les aurait trouvés dans des broussailles ou dans les gorges des montagnes.

Cet accident fit quelque peine à Mandrin; il loua hautement la prudence de Roquairol et se moqua beaucoup de Perrinet qu'il croyait dans les fers. Cependant il fallait trouver une demeure, ou abandonner le métier. Après bien

des marches pénibles, on résolut de camper et de se retrancher. Mandrin choisit une montagne inculte, et se plaça
à mi-côte, sous le pas d'une roche qui avançait. Il tira un
fossé en croissant, fit soutenir des terres sablonneuses avec
des éperons, et se contenta de le fraiser avec des pieux.
On travailla promptement à s'ouvrir une sortie sous terre
en cas d'insulte; on posa des sentinelles, et l'on envoya à
la découverte et à la provision.

Mandrin avait devant les yeux un château qui appartenait à un vieux procureur. Il était situé sur la montagne
opposée, d'où il avait vue sur toute la campagne; il avait
un bon fossé, avec des tours à l'antique; des terrasses et
des souterrains. Dans le temps que Mandrin le contem-
plait attentivement, on vint lui dire que le propriétaire
venait de mourir. « Voulez-vous en faire l'acquisition ?
dit Roquairol; il est à nous si vous me secondez; je ne
vous demande que quinze jours. » Mandrin qui connaissait la capacité de cet homme, promit d'en passer par tout
ce qu'il voudrait. Roquairol savait tous les préjugés du
peuple et sa frayeur pour les morts. Il résolut d'en tirer
avantage. « La circonstance est favorable, dit-il à son
maître, le défunt doit avoir quelques petites restitutions
à faire, parce qu'il était procureur; il s'agit d'aller pendant la nuit faire tapage dans toute la maison, culbuter
les meubles, battre les gens, ils abandonneront bientôt
la place, tant ils ont peur des gens après leur mort. » Le
corps du procureur avait été enterré le jour même dans
l'église des capucins d'un village voisin. Roquairol se mit
en chemin; il observa les lieux et se tint à l'écart. Le soir
il entra avec quatre hommes qu'il distribua en différens
postes. La veuve était seule dans la chambre : comme elle
n'avait plus de témoins, elle ne versait plus de larmes.
Ses domestiques riaient dans la cuisine et oubliaient déjà
qu'ils avaient eu un maître. Roquairol fut droit à une
chambre du procureur; il commença par agiter fortement
les rideaux, et renverser des tables et des chaises. La veuve
se jeta promptement dans la cuisine. Roquairol se plaignait
comme un homme qui brûle et mettait tout en désordre.
On croyait n'avoir rien à craindre que d'un côté, lorsqu'il
s'éleva un grand bruit du côté du château; on entendit

des voix terribles qui se disputaient l'ame du procureur, et on ne voyait que feu et flammes par le moyen des pistolets et des pétards. Roquairol avait jeté un drap sur sa tête avec des flammes peintes en rouge ; il parut dans cet équipage au milieu de ses gens habillés en satyres et traînant des chaînes, un flambeau à la main ; il entra dans la cuisine, où quelques femmes s'évanouirent, parcourut les appartemens, et disparut.

On ne douta plus dès-lors que le pauvre procureur ne fût au pouvoir des démons. On l'avait vu, on l'avait entendu, c'en était assez, le bruit en courut dans tout le pays.

La nuit suivante, Roquairol se montra sur les terrasses, entouré de quatorze démons. La veuve avait doublé sa garde ; mais ce ne fut que pour augmenter la frayeur et les cris. Lorsque la troupe prit le chemin de la maison, toutes ces femmes s'enfoncèrent dans une grande chambre, Roquairol les y suivit ; les unes voulaient sortir par la fenêtre, les autres faisaient des prières et inondaient la chambre d'eau bénite : lorsqu'il en tombait une goutte sur les démons, ils poussaient des cris affreux, comme si c'eût été de l'huile bouillante. Cependant ils faisaient mine de vouloir attirer quelqu'un avec leurs griffes, et ils secouaient avec force les chaînes du défunt. Celui-ci disait souvent : Bien mal acquis, malheur à ceux qui l'habitent ! ils brûleront comme moi.

Cette scène fut poussée fort avant dans la nuit. La veuve, à demi-morte, ne revint point de ses frayeurs ; elle voulut quitter ce séjour dans la nuit même, et prit un lit chez son fermier, à quelque distance de là.

Les esprits forts tournèrent la chose en ridicule, et la traitèrent de chimère. Trois clercs, un capucin et deux abbés firent partie d'y souper et d'y passer la nuit. Ils avaient avec eux huit domestiques armés, et trois femmes pour les servir. Roquairol crut qu'il allait de son honneur de ne pas lâcher prise ; il s'informa soigneusement du jour qu'ils avaient pris, et fit ses dispositions. Le souper devait se donner dans une grande salle. Roquairol pratiqua une ouverture dans l'épaisseur du mur, et la ferma exactement avec des planches et de la tapisserie ; il creva

ensuite le tuyau de la cheminée qui donnait dans un grenier obscur, et y rangea une partie de son monde. Tout
fut tranquille jusqu'au moment du repas. Les convives
crurent qu'ils avaient mis les morts en fuite; ils ordon-
nèrent que l'on servît. Un instant après il s'éleva un bruit
éloigné; ils prêtèrent l'oreille, et en se tournant ils aperçurent derrière eux un ours d'une grosseur prodigieuse,
qui vint flairer tous les plats; ils se jetèrent les uns sur
les autres, et gagnèrent l'enfoncement de la salle. En
même temps un gros singe sauta sur la table et renversa
les flambeaux. Quatre démons débouchèrent par le milieu
du mur avec des torches ardentes, huit autres amenèrent
le procureur en hurlant autour de lui. Celui-ci criait :
« Je brûle, je brûle, bien mal acquis, malheur à ceux
qui l'habitent ! ils brûleront avec moi. On vit encore paraître huit autres démons sous une autre forme, avec
des crocs et des fourches; et pour ne rien laisser à desirer,
Mardrin descendit par la cheminée dans une peau de
taureau, affublé de cornes, et escorté de quatre Maures
avec des flambeaux. Ce cortège était de vingt-huit personnes; les abbés et les petits-maîtres étaient transis d'effroi; les domestiques ne savaient pas même s'ils avaient
des armes. Le capucin seul voulut montrer un peu de
fermeté, un des diables lui brûla la barbe avec son flambeau; il s'approcha ensuite des autres, et mit le feu aux
perruques et aux habits. Chacun gagna la porte; la dé-
route fut générale; on les conduisit à grands coups de
torches dans le derrière. Roquairol demeura ainsi en pos-
session du château et du souper.

Ce fut pour en faire hommage à Mandrin son maître,
qui, pour reconnaître ses services, le créa lieutenant sur
le champ de bataille, même en présence de tout l'enfer.
On courut à la cuisine et à la basse-cour, on rit beaucoup
et l'on soupa bien. Les anciens hôtes ne paraissaient pas avoir
envie de rentrer dans cette demeure; ils n'y avaient laissé
que quelques mauvaises tapisseries, une table et des chaises. Mandrin y passa la nuit et fit tirer quelques fusées,
tandis que ces gens nourrissaient l'erreur du public en
traînant des chaînes et en élevant des flambeaux. Comme
quelque curieux pouvait être tenté d'y venir pendant le

jour, il plaça à l'entrée un homme vêtu d'une peau d'ours, qui se jetait sur ceux qui voulaient avancer. Le dragon ne garda pas mieux le jardin des Hespérides.

Mandrin, dédommagé de la perte de sa caverne, fit construire des fourneaux dans les souterrains de sa nouvelle demeure, et y transporta tout ce qu'il avait sauvé dans son petit fort. Il fit fermer la grande entrée du château, et en ouvrit une qui donnait dans le bois par un sentier détourné. De temps à autre on faisait un grand bruit dans la maison, et toutes les nuits on élevait trois torches allumées, qui résistaient au vent et à la pluie.

Cependant on fabriquait des espèces et on les distribuait dans le royaume ; il eût été dangereux d'en mettre une trop grande quantité dans la province. Mandrin obvia à ces inconvéniens en envoyant quelques-uns de ses gens sur les frontières les plus éloignées ; il se mit même à la fabrique des monnaies étrangères. Tout réussissait entre ses mains, l'amour seul venait répandre quelqu'amertume sur ses plaisirs. Dans le temps qu'il en conférait avec Roquairol, on lui amena Perrinet qui fut fort étonné de se voir reçu avec tant de froideur ; il eut beau vanter le danger qu'il avait couru, la faim qu'il avait soufferte, et l'adresse avec laquelle il s'en était tiré, à peine parut-on l'écouter. « Tu n'es plus mon lieutenant, lui dit Mandrin, je t'ai cru entre les mains des archers, et je n'ai pas besoin de gens qui se laissent prendre. Si tu ne veux pas rentrer dans la classe des ouvriers, tu seras mon laquais, voilà tout ce que j'ai à t'offrir. » Perrinet n'osa murmurer ; la condition de laquais ne lui parut pas trop vile ; il l'accepta.

Le baron et son laquais montèrent à cheval pour se rendre chez la belle Isaure. Le baron dit quantité de choses tendres que je ne me charge pas de rapporter : je craindrais d'avilir un langage qui n'est fait que pour les belles ames, en le plaçant dans la bouche d'un monstre qui n'avait que de la férocité. Isaure était aimable, cet amant se montrait sous un dehors séduisant ; elle le croyait ce qu'il n'était pas, j'excuse son erreur. Hélas ! que son répentir a bien justifié son cœur ! Mandrin ne fut pas longtemps à s'apercevoir qu'il était aimé ; il crut même voir de la rivalité entre les deux sœurs, et il craignit que la discorde ne ruinât son bonheur. L'aînée plaisantait souvent aux dépens de la cadette, et l'appelait, quelquefois par dérision madame la baronne; Isaure pleurait secrètement sans oser se plaindre. Enfin elle en fit confidence à son amant : Celui-ci se hâta d'en faire part à Roquairol, qui saisit habilement cette occasion pour se rendre nécessaire à son maître, en liant ses intérêts avec les siens. Il lui proposa de lui donner entrée dans cette maison; de l'annoncer comme un gentilhomme de ses amis, et de se reposer sur lui du succès de la chose. Le capitaine et le lieutenant se mirent en marche avec un équipage convenable. On n'eut aucun soupçon de l'artifice. Isaure trouva du plaisir à voir son amant; son aînée parut sensible aux soins de cet étranger, qui ne déplut pas. L'air de probité qu'ils affectaient ne parut pas étudié. Mandrin revint seul et demanda la permission de ramener son gentilhomme; ils reparurent ensemble et quelquefois séparément. Enfin les choses furent poussées à un tel point, qu'ils eurent l'imprudence de faire des propositions de mariage; et si un événement inopiné ne fût pas venu déranger leurs projets, une famille respectable allait donner les mains à une alliance monstrueuse qui la flétrissait d'un opprobre éternel. Mais la providence écarta l'infâmie et protégea l'innocence.

Pendant que ces choses se passaient au dehors, Mandrin établissait une discipline exacte dans sa cour des monnaies. On travaillait assidument pendant la nuit, on cessait le jour. Une partie de l'équipage était destinée à la garde du trésor, et un autre était en sentinelle sur les murs du château. Quatre hommes faisaient le métier de maquignons au profit de la bande, et allaient chercher des chevaux jusques sur les frontières d'Espagne. Ils les emmenaient de nuit dans les écuries du château, et les en tiraient de même pour les promener dans les foires. D'autres faisaient le commerce des indiennes et du tabac. Les chambres écartées étaient pleines de ces marchandises. Ainsi Mandrin commandait tout à la fois à des faux monnoyeurs, à des maquignons et à des contrebandiers. La fausse monnaie servait à l'achat de la contrebande et des chevaux, et le

produit de la vente apportait des espèces d'une valeur
réelle dont on faisait la répartition selon les conventions
établies. Les apparitions des morts avaient répandu la terreur dans tout le pays, et faisaient du château de Mandrin
un lieu formidable. Quelques malheureux, qui s'en étaient
approchés en s'égarant dans le bois, ne paraissaient plus
dans les villages voisins. Ce misérable les avait sans doute
sacrifiés à ses fureurs et à sa politique. On eût dû ouvrir
les yeux sur ces événemens ; mais la stupidité du peuple
était si grande sur l'article des morts, que l'on s'aveu-
glait jusqu'à les croire auteurs de ces désordres.

L'imposture n'a qu'un temps, tôt ou tard on voit naître
un moment qui tire le voile qui la couvre. Il était temps
que les fourberies de Mandrin parussent au grand jour.
Un jeune officier, qui faisait route vers Grenoble, entendit toutes les fables du peuple sur l'ame du procureur ; il
aperçut ce château inaccessible, et se mit en chemin pour
s'y rendre, moins par envie de le voir que par mépris
de tout ce qu'il entendait dire. Il frappa à la première
porte. L'ours s'habilla promptement de sa peau, et vint
se présenter pour ouvrir. J'aperçois un ours, dit un grenadier qui accompagnait cet officier. Il n'y en a point
en enfer, reprit celui-ci : fais feu, nous aurons la peau.
L'ours ouvrit, l'officier lui mit le pistolet dans l'oreille et
le renversa. « En voilà un qui est à nous, dit-il, voyons
s'il y en a d'autres. » Il poussa la porte et avança. Le
coup avait été entendu. Mandrin était absent. Roquairol,
qui commandait, fit prendre à sa troupe les vêtemens qui
inspiraient de la terreur. Pendant que les acteurs se dis-
posaient à paraître sur le théâtre, l'officier et son grenadier brisaient les portes. La scène fut ouverte par trois
grands hommes vêtus de noir, et suivis de quatre à cinq
figures grotesques. L'officier leur envoya du plomb, e
ils disparurent. Roquairol fit courir dans la chambre
des serpens et des animaux vénimeux. Le grenadier en
arrêta un par le pied, et s'aperçut qu'il était de carton,
mais construit avec beaucoup d'art et animé par des ressorts. Il se jeta sur les autres, l'officier fit de même. Roquairol sentit que la peur ne pouvait rien sur de tels
hommes, et que la découverte de tout ce stratagême portait

L'officier lui mit le pistolet dans l'oreille et le renversa.

un grand préjudice aux affaires de Mandrin. Il pouvait se
défaire de l'officier et du grenadier, il avait des armes et
des gens à ses ordres. Il balança long-temps ; mais on
l'en détourna, dans la crainte que le régiment qui n'était
pas éloigné, ne tirât de leur mort une vengeance sanglante.
Il prit un parti plus doux, ce fut de dépêcher dans le village
trois de ses gens, travestis, avec ordre de prévenir le peuple de répandre que l'officier et son soldat n'avaient pas
osé pénétrer dans le château ; qu'ils les avaient observés de
loin, et les avaient vus se cacher derrière des buissons
sans oser même entrer dans le bois qui joignait les allées.
Pendant ce temps Roquairol prit un second et entra,
l'épée à la main, dans la salle où était l'officier. « Je ne
croyais pas, lui dit-il, trouver des vivans dans un lieu
où je poursuis les morts. Je cherche un monstre que j'ai
percé dix fois avec ma lame, et qui vient de disparaître
à mes yeux. Vous me trouvez occupé à combattre des
ombres, répondit l'officier ; mais des animaux que je viens
d'écraser m'apprennent à démêler l'artifice. Roquairol
parut s'amuser à contempler ces machines ; cependant il
en remonta adroitement les ressorts ; il les dirigea de façon
qu'elles lui échappèrent des mains et rentrèrent dans les
trous qui leur étaient préparés. Il fit le personnage d'un
homme qui s'effraye et qui paraît céder à la force de la
magie. » Les démons, dit-il, ont le talent de paraître morts
et de de se ranimer à l'instant. Vous les écrasez, vous les
percez ; ils tombent et se relèvent à vos yeux avec la même
vigueur. J'ai voulu tuer un ours dans la cour, il m'a dit
qu'un autre l'avait tué, et qu'il ne convenait pas de le tuer
une seconde fois ; en même temps il est tombé à mes
pieds, voyons ce qu'il est devenu. » Ils sortirent ; l'ours,
qui ne voulait plus se laisser approcher, se dressa sur ses
pattes de derrière, leur montra sa peau en leur faisant
entendre qu'ils ne l'auraient pas, et rentra dans son trou,
dont la porte, qu'il ferma, le mettait hors d'insulte. Il
était visible que Roquairol avait substitué un homme à
celui qui avait eu le coup de pistolet dans l'oreille ; mais
il conduisait cette affaire avec tant d'art ; qu'il fit naître
quelque frayeur et parut en prendre lui-même. Rien ne
se gagne plus vite que la contagion de l'exemple. Nos

deux guerriers, que tout l'enfer n'eût pas effrayés, tremblèrent à la voix d'un imposteur. Ils affectèrent encore une bonne contenance, et entrèrent, avec assez de hardiesse, dans des chambres abandonnées et dans des souterrains obscurs, mais ce n'était plus avec ce même front qu'ils avaient montré en arrivant, et Roquairol connut qu'ils ne cherchaient pas beaucoup à avoir de nouveaux démêlés avec les démons. La nuit tombait, il les accompagna jusqu'au pied de la montagne, en les entretenant de Sylphes, de Gnomes, de Lutins, d'apparitions, de prestiges, de sorts, et de tous les mensonges effrayans que son imagination lui fournit.

Nos deux militaires firent le récit de tout ce qu'ils avaient vu, et le firent avec emphase : mais ils ne persuadèrent pas, on les avait prévenus. Leurs discours ne firent pas plus d'impression que ceux de ces parleurs impitoyables qui ont tout vu, qui ont été les héros de tous les faits qu'ils débitent, et que l'on veut bien laisser parler par indulgence. Le grenadier s'aperçut qu'il lui restait quelques morceaux du corps d'une couleuvre qu'il avait brisée, il courut en faire part à son officier, qui lui recommanda de les conserver avec soin. Saint-Pierre, un de ceux que Roquairol avait envoyés, les lui enleva pendant la nuit, et y substitua quelques morceaux de bois pourri. Cette ruse, quelque simple qu'elle soit, acheva dans leur esprit la conviction de l'apparition des morts et des démons. Ils jetèrent avec effroi tout ce qui venait de ce château formidable, et évitèrent bien d'en parler au régiment crainte du ridicule.

Mandrin apprit cet événement, et ne resta pas sans crainte ; il voyait avec plaisir que l'on avait heureusement trompé ces redoutables étrangers, et que le peuple ne sortait point encore de l'erreur : cependant il portait ses regards plus loin ; il appréhendait que plusieurs faits réunis ne fissent naître quelques réflexions contraires à ses intérêts, ou que d'autres soldats ne rendissent quelque mauvaise visite. Tous ces malheurs lui arrivèrent à la fois.

Un de ses gens avait acheté, dans une foire auprès de Lyon, des foins, des moutons et d'autres provisions de bouche. Le vendeur de moutons, bien content du marché qu'il avait fait, jeta un écu en l'air, qui se rompit en tombant; il en jeta un second, il se brisa de même; on examina les morceaux, c'était une composition de verre, d'étain et de mercure. Ces trois matières liées ensemble imitaient l'argent; mais il leur manquait cette adhésion de partie que le verre n'a pas, et que le mercure enlève à tous les métaux. On chercha le distributeur de ces espèces, on l'aperçut, on le poursuivit : il échappa à l'aide d'un bon cheval dont il était pourvu, et abandonna sa marchandise.

Sur ces entrefaites, la veuve du procureur apprit par son fermier, que l'on voyait un sentier battu au bout de sa maison, et que l'on avait souvent aperçu de beaux chevaux qui passaient dans l'obscurité du bois. Un clerc, qui avait été du fameux souper, lui dit : « Je soupçonne, madame, que votre maison est devenue une retraite de contrebandiers; et que ce sont ces messieurs qui nous reçurent si bien dans la belle expédition que nous fîmes avec le père capucin. » Cette pensée parut une découverte. On avait su l'aventure de l'officier : les clercs se joignirent à quelques soldats, et marchèrent vers le château au nombre de quarante, avec des armes et de la résolution. Mandrin y commandait; il retira son monde dans le souterrain, et s'apprêta à en bien défendre l'entrée. Il eût été inutile de vouloir défendre le terrein pied à pied; l'intention de Mandrin n'était pas d'engager un combat à découvert, il n'avait aucun intérêt à conserver des appartemens que l'on regardait comme inhabitables; il renferma ses richesses dans son souterrain, et songea à les y conserver ou à prolonger sa défense, pour les transporter ailleurs.

La troupe guerrière entra dans les murs du château, et n'eut aucune apparition, ni de portier, ni de fantôme. L'enfer ne voulut rien faire ce jour-là, tout demeura tranquille. La cléricature, qui ne rencontrait aucun danger, se répandit dans les chambres, et y trouva quelques meubles que l'on jugea de bonne prise. Ils escaladèrent les murs d'une petite cour, et firent main basse sur la volaille. Les soldats forcèrent la porte d'une cave, et y trouvèrent d'excellent vin. Ils en roulèrent une pièce en haut, et toute la bande fit grand'chère. Mandrin les voyait et s'amusait de ce spectacle ; il pouvait les fusiller , ce qui eût sans doute dérangé le repas : il aima mieux leur laisser la vie, espérant que la nuit lui fournirait quelque occasion de s'en débarrasser autrement. Il se trompa. La maréchaussée avait eu ordre de marcher , et le château se trouva investi par des soldats et des paysans. Mandrin se tourna vers son lieutenant et lui dit : « Ces gens ne veulent pas se contenter de boire mon vin , je vois qu'il leur faut autre chose pour les satisfaire. » Il arrangea son monde , et se disposa au combat. Les archers étaient fort bien commandés ; ils avaient un prévôt qui fit les dispositions en homme de métier. Il plaça un brigadier avec six cavaliers ; des soldats et des paysans à la petite porte par laquelle le souterrain aboutissait dans le bois , et il attaqua la grande entrée avec beaucoup de vivacité. Les murs étaient enveloppés par des gens bien armés. Mandrin fit tête à ce brave assaillant , et se montra digne de lui , tandis que son lieutenant cherchait à s'ouvrir une sortie par derrière. Roquairol l'avait jugée impossible , il embarrassa l'entrée avec des pieux et des branches d'arbres , et vint rejoindre son capitaine. Celui-ci , qui ne voulait pas encore faire couler tout le sang qu'il pouvait répandre , eut recours aux prestiges ; il fit annoncer par une voix terrible qu'on n'insulte point impunément aux cendres des morts , et que l'enfer allait déployer ses fureurs. On rit de ses menaces , et on continua l'attaque. Mandrin fit couler quelques matières enflammées ; il tira des fusées et des pétards qui donnaient dans le visage des assiégeans et les écartèrent. Ils revinrent à la charge , on leur seringua des huiles bouillantes et du plomb fondu. Ils fuirent de nouveau et se présentèrent une troisième fois. Alors Mandrin , qui n'avait fait que préluder , leur demanda s'ils pensaient bien à ce qu'ils allaient faire , et leur conseilla d'y réfléchir. Ils répondirent fièrement qu'ils n'avaient point d'avis à prendre de brigands et de voleurs. Là-dessus Mandrin fit faire une décharge qui en tua trois et en blessa dix. Comme ils étaient cuirassés , il avait fait tirer dans la tête et dans les cuisses. Les clercs qui ne se regardaient là que comme témoins se mirent à fuir à toutes jambes ; quelques soldats tinrent ferme avec les archers.

Cependant le prévôt se rappela qu'il avait vu quelques mauvaises tapisseries dans les chambres ; il se retira avec son monde, fit coudre ces tapisseries en forme de sacs, qu'il emplit de terre, et se présenta à une quatrième attaque, en les faisant reculer devant sa troupe. Mandrin commença à se repentir de les avoir ménagés, il leur promit bien qu'ils apprendraient à le connaître une autre fois. Les assaillans, qui ne lui croyaient point un subterfuge pour leur échapper, se moquèrent de ses promesses, et lui offrirent une demeure où il ne ferait pas le méchant. Ils enfoncèrent la porte avec des leviers, et mirent le feu à ce qu'ils ne purent pas rompre. Ils pénétrèrent enfin après une attaque de trois heures. Mais quel fut leur étonnement lorsqu'ils n'aperçurent personne ! Le souterrain avait quatre-vingts pieds de long sur dix-huit de large ; les flambeaux y répandaient un jour qui l'emportait sur celui du soleil même, rien ne pouvait échapper à à la vue, et rien ne s'offrait à leurs yeux. Le prévôt promena ses regards sur la voûte, il n'y avait aucune ouverture ; il regarda à terre, le fond était battu, et dans son entier ; les côtés étaient fermés par de bonnes palissades qui se joignaient pour empêcher l'éboulement des terres. Ce qui étonnait davantage, c'était la propreté de l'endroit, que l'on eût dit avoir été préparé pour y recevoir quelqu'un. Le prévôt ne vit pas sans peine qu'il perdait le fruit de ses travaux et ne remportait que les coups de l'aventure. Il ouvrit la porte qui joignait le bois, et fit fouir l'endroit par des paysans. Ce travail fut aussi infructueux, culbuta bien de la terre, et ne trouva que de la terre. Comme il soupçonnait qu'on n'avait pu lui échapper que par quelque boyau, il fit envelopper la montagne par des paysans, avec ordre de lui rendre compte de tout ce qu'ils apercevraient. Il s'adressa ensuite aux côtés de la caverne, et fit lever toutes les palissades : on en trouva cinq ou six qui étaient coupées à un demi-pied de terre, et qui s'emboîtaient exactement au moyen d'une fiche. La terre qu'elles soutenaient paraissait plus fraîche et moins serrée que dans d'autres endroits. On ne douta plus qu'il ne fallût ouvrir de ce côté-là, et on espéra une fin à tant de maux. Le prévôt fit distribuer du vin aux prisonniers et encouragea son monde.

Mandrin, qui s'était retiré par cet endroit dans un caveau enfoncé, avait mis, derrière les terres qui en formaient l'entrée, un tambour, et dessus un verre d'eau. Chaque coup que donnaient les prisonniers rendait un bruit sourd dans la caisse, et causait un trémoussement dans l'eau. Mandrin connu alors que l'on venait à lui. L'ardeur des assaillans, les sacs de terre dont ils se couvraient, lui annonçaient l'inutilité d'une défense ; il ne songeait qu'à gagner du temps. Le boyau qui conduisait à son grand caveau avait cent pieds de longueur ; il tira les contreforts et en éboula la terre, pour donner de l'occupation à l'ennemi. Ceux qu'il avait envoyés à la découverte lui rapportèrent qu'il y avait du danger à tenter une sortie par l'autre ouverture, qu'il venait d'être aperçu par quelques paysans, et qu'un grand nombre de soldats accouraient pour lui en fermer le passage. Mandrin n'eut pas d'autre débouché que son gros chêne : c'était un arbre d'une grosseur prodigieuse, dont la tige avait été creusée par les pluies ; on l'appelait par tradition, l'arbre de César. Il répondait directement à un grand caveau que Mandrin avait fait construire, et y portait le jour. Le capitaine invita son monde à se charger de ce qu'ils avaient de plus précieux : et à faire l'abandon du reste, pour s'échapper plus librement par la seule ouverture qui leur restait. Ils montèrent tous les uns après les autres, et se rangèrent à mesure sous les branches de l'arbre en attendant les ordres du chef. De-là ils fondirent sur une bande de paysans, qui leur ouvrit le passage, et ils s'enfoncèrent dans l'épaisseur du bois. Le prévôt, instruit de cette action, ne savait où se porter ; d'un côté, il fallait suivre cette armée, d'un autre, il ne devait point abandonner un ouvrage qui touchait à sa fin, ou sa proie allait lui échapper. Il laissa deux cavaliers pour commander l'ouvrage, et se mit à la poursuite des brigands. Il les suivit sans les atteindre ; il fut sur pied toute la nuit, il marcha tout le jour suivant, le bois était d'une trop grande étendue pour en faire l'enceinte. Mandrin conduisit sa troupe avec beaucoup d'habileté, prit des défilés que le prévôt ignorait. Celui-ci revint au caveau, les travailleurs étaient enfin parvenus à la découverte. On y trouva des meubles, des toiles des provisions de bouche et de l'or, sur lequel on ne forma aucun desir.

Toutes les maréchaussées des environs eurent ordre de marcher. On arrêta tous les gens sans aveu, et on fit une perquisition exacte tout le long de la côte Saint-André. Au bout de quelques jours, on arrêta deux hommes qui furent conduits à Grenoble et mis en prison. Ils furent interrogés et reconnus coupables. La question tira de leur bouche le nom de Mandrin et ceux de leurs complices. Mais quel avantage résultait-il de ces noms ? toute la bande en avait changé et peu d'entr'eux étaient connus dans le pays. Cependant cet aveu manqua d'être fatal à Mandrin.

Ce chef, que les charmes de la belle Isaure avaient soumis au pouvoir de l'amour, s'empressa d'aller oublier dans ses bras les dangers qu'il avait courus. Son nom était connu, un paysan le vendit. Les archers qui étaient toujours en haleine, se logèrent dans une maison voisine pour l'observer et le saisir dans le temps qu'il sortirait de la maison d'Isaure.

Quel spectacle pour une amante ? Les cavaliers étaient travestis en bourgeois : Isaure les prit pour des inconnus qui osaient insulter son amant ; elle engagea quelques domestiques à le tirer du danger ; ceux-ci s'avancèrent, on leur signifia les ordres du roi, et on demanda à Isaure quelle part elle prenait au sort d'un contrebandier, d'un faux monnoyeur et d'un brigand.

Isaure demeura sans réponse ; la rougeur annonça sa confusion : elle courut promptement à sa chambre et tout son amour se tourna en exécration. Elle versa des larmes d'indignation et d'horreur, elle lacéra avec dépit toutes les lettres de son misérable amant, elle foula aux pieds tous les présens qui venaient de sa main ; et pour dérober entièrement sa honte aux yeux de ceux qui en avaient été témoins, elle fut s'enfoncer dans un couvent le jour même.

Mandrin, à qui le sentiment de sa perte avait ôté jusqu'à l'idée de sa fuite, avait été enchaîné sans peine, et marchait sans résistance. On avait tiré sur lui les verrous de la prison et il ne s'apercevait pas encore qu'il était dans les fers. Il tomba sans mouvement sur la paille qui devait lui servir de lit, et resta long-temps avec un air rêveur

dans la stupidité de l'inaction. Il se leva enfin ; des larmes
tombèrent de ses yeux, il frappa du pied et brisa ses fers.
On n'entendit que juremens, qu'imprécations, que blas-
phêmes. Le geolier accourut, Mandrin le mit en fuite, et
continua. Le lieutenant-criminel se présenta pour l'inter-
roger, il n'en tira que des sottises. Mandrin fut envoyé au
cachot.

L'obscurité de ce séjour, la mauvaise nourriture, et
plus encore le chagrin, lui ôtèrent les forces, il tomba
malade. Le médecin avertit les juges que le criminel allait
leur échapper, on pressa le jugement. Mandrin s'en aperçut ; les approches du supplice opérèrent une révoluution
qui lui rendit la santé. Il parut fort vigoureux et plein de
résolution. Ceux qui avaient cru que la vue de la mort
avait pu causer cet abattement étaient réduits à ne plus
savoir que penser de cet homme. Les uns lui donnaient de
l'insensibilité, les autres de la folie. Mandrin leur fit voir
qu'il avait encore quelque sagesse ; si toutefois il y a une
situation dans laquelle on puisse donner ce nom à la conduite d'un brigand.

Mandrin s'était aperçu que son extérieur interressait
quelques dévotes qui venaient de temps en temps lui rendre visite, et il savait que la beauté des hommes peut
quelque chose sur le cœur des femmes. Il affecta de paraître déterminé à ne vouloir prêter l'oreille à aucun
prêtre ; il s'emporta même contre la religion, et cita,
pour raison de ses refus, la prétendue dureté avec laquelle
on le traitait. Les dévotes, intriguées, coururent toute la
ville ; elles représentèrent que c'était dommage qu'un bel
homme fut damné ; que ce bel homme se rapprocherait
de Dieu si on le traitait avec moins d'inhumanité, et que
cela tenait à peu de choses, à le tirer du cachot. Le lieutenant-criminel reçut de côté et d'autre des suppliques et
des reproches. Il ordonna que le prisonnier fût transporté
dans une chambre moins obscure ; et traité avec plus de
douceur. A cette nouvelle, Mandrin s'écria, comme dans
un saint transport : Ah ! je connais la vérité de la religion
dans ceux qui la pratiquent : aurai-je un confesseur pour
effacer mes crimes ? On lui donna le choix dans toutes les
communautés de la ville ; il demanda un homme qui joi-

gnait l'exemple aux discours, ce qui faillit encore faire un nouvel embarras. On lui amena un vieux capúcin, qui ne vantait plus la préminence de son ordre sur les autres, et il s'en contenta. Le Père fut charmé des dispositions du pénitent ; les dévotes répandirent par-tout l'onction du père et l'efficacité de leurs petits soins. Mandrin, plus libre, ne manqua pas de moyens pour son évasion. Il rompit un barreau, et pouvait sortir dès la nuit même ; cependant, comme il s'aperçut que la fracture n'était pas sensible, il dédaigna cette façon de s'échapper, qui lui parut indigne de lui ; seulement il s'en servit pour aller pendant la nuit faire part aux prisonniers du dessein qu'il avait formé de leur rendre la liberté en se la rendant à lui-même. C'était de souper ensemble, d'énivrer le geolier et d'ouvrir les portes. Les dévotes parurent à l'heure accoutumée. « Mes chères sœurs, leur dit Mandrin, la mort ne viendra-t-elle jamais expier mes crimes ? Que je desire cet instant qu'ont mérité mes péchés ! cependant, je vous l'avouerai, je tiens encore au monde ; il me semble qu'il ne me resterait plus rien à desirer si j'avais la consolation de manger encore une fois avec ceux qui sont retenus comme moi dans les fers. Procurez-moi ce plaisir, mes chères sœurs. Je dois les précéder dans la route du supplice, que je puisse leur apprendre à soutenir chrétiennement les approches de la mort.

Mandrin parut pénétré en prononçant ces paroles. Les dévotes promirent leur entremise auprès du geolier. On engagea celui-ci à faire quelque chose pour monsieur Mandrin, le souper fut accordé et le jour pris, avec promesse d'un secret impénétrable.

Les conviés prirent place ; Mandrin parla en apôtre, et harangua chacun d'eux selon les cas qui faisaient leur détention. La docilité de l'auditoire, l'éloquénce du prédicateur touchèrent le geolier, il consentit à boire : le vin était choisi ; insensiblement on écarta les images effrayantes de la mort et on se consola en buvant. Madriu enferma le geolier dans sa prison, il brisa les fers de ses camarades, ouvrit les portes, et marcha à leur tête en chantant insolemment dans les rues.

On avait déjà trois heures de jour, et on ignorait la fuite des criminels. Un domestique apporta au prévôt un gros paquet de clefs qu'on avait jeté dans une de ses chambres, en cassant un carreau. Il reconnut les clefs de la prison, et il y envoya promptement. Ses cavaliers eurent ordre de marcher, ce fut en vain. Le geolier fut condamné au cachot, les dévotes eurent défense de se mêler des affaires de la prison, et Mandrin continua ses brigandages.

Le premier acte d'impudence par lequel commença Mandrin, fut d'écrire au capucin son confesseur, et de le prier de se conserver pour le conduire une autre fois à l'échafaud, en l'assurant qu'il ne voulait pas choisir un théâtre pour expirer. La lettre contenait mille autres impertinences. Il voulut ensuite savoir quel avait été le sort d'Isaure ; ce qu'il découvrit n'ayant pas beaucoup flatté son orgueil, il jura de ne plus aimer de sa vie, et de tromper toutes celles qu'il pourrait séduire.

C'est à ce temps que l'on rapporte un meurtre qui fait frémir, et qui fut précédé de quelques actions qu'il est bon de rapporter. Mandrin avait beaucoup perdu par la prise de son château et son emprisonnement. La nouvelle bande n'était pas encore bien aguerrie ; quelques-uns même avaient déserté. Il se rappela qu'il avait quelqu'argent au pied d'un arbre, il y fit creuser, cet argent avait été enlevé. Il serait difficile d'exprimer quels furent alors son emportement et sa rage ; il blasphéma, il souhaita la perte de l'univers entier, et jura une haine implacable contre tout le genre humain. Ses anciens camarades, qu'il retrouva, lui apprirent que des paysans des environs avaient trouvé une somme considérable, et en avaient fait usage. Mandrin leur commanda d'en tirer vengeance, et ordonna le pillage de leurs maisons. Cependant, comme il était dangereux de se faire haïr des habitans de la côte, Mandrin se contenta de renfermer sa haine en lui-même, et mitigea les ordres qu'il avait donnés. On lui proposa une caverne commode pour se loger, il répondit qu'il était las d'habiter sous des roches, tandis qu'il y avait des maisons, et en même temps il ordonna à quatre de ses gens d'aller

s'emparer d'un hermitage qui était situé avantageusement
sur la côte, de prendre l'hermite et de l'enfermer. La chose
fut bientôt mise à exécution ; quelques heures après, Mandrin s'y transporta. Un des siens avait pris l'habit de l'hermite, on avait gardé l'hôte pour le consulter et savoir de
lui les usages, afin de les observer et de tromper le peuple.

Ce jeu eut son effet. Le nouveau frère prit toute l'hy-
pocrisie de l'ancien ; il fut trouver le grand-vicaire avec
une prétendue obédience de son visiteur ; il lui apprit que
son prédécesseur avait été rappelé, et lui demanda sa pro-
tection, qu'il obtint.

Mandrin, à qui les périls avaient appris à les braver,
ne put s'astreindre à se tenir enfoncé dans des chambres
obscures sans oser paraître. Il se donna pour un officier
qui fuyait le monde, et qui cherchait une solitude pai-
sible, autant pour se remettre de ses blessures que pour
songer à son salut. Il changea de nom, prit un uniforme,
mit son bras en écharpe, et fut trouver le grand-vicaire,
supérieur de l'hermitage. Nous étions en guerre ; il fut aisé
de tromper le grand-vicaire : Mandrin eut toutes les per-
missions qu'il demandait.

Les deux bandes réunies montaient à trente-huit hommes, la plupart déserteurs ou criminels échappés des prisons. Mandrin songea à les loger et à reprendre son ancien
commerce. Le travail et l'industrie ramenèrent bientôt
l'abondance et firent oublier les malheurs. Le chef donna
un plan pour la construction des logemens de sureté de
la place. Le lieutenant Roquairol se chargea de l'appro-
visionnement et du commerce au dehors. La nouvelle demeure était spacieuse et n'avait d'autre défaut que l'obscurité. Elle était pratiquée à quelque distance de l'hermitage, avec lequel on avait établi une communication
sous terre, et qui était comme un ouvrage avancé, dé-
taché du corps de la place ; il y avait deux sorties aux
deux flancs de la montagne, et une troisième qu'on avait
poussée jusqu'au bout du vallon.

Les choses étaient dans cet état lorsque cette infâme
retraite fut souillée par le plus énorme de tous les crimes.

Celui-ci assure qu'il ne l'a point aperçue.

2.

Une jeune femme qui suivait une bête égarée eut le malheur d'apercevoir une des ouvertures de la caverne. La sentinelle qui y était placée ne la vit pas. Elle entendit les coups du balancier, elle prêta l'oreille et oublia ce qu'elle cherchait : bientôt la frayeur la saisit, elle se mit à fuir. Dans cet instant le malheureux Mandrin se présenta à l'embouchure, il y voit une femme qui fuit, l'arrête, et fait venir la sentinelle. Celui-ci assure qu'il ne l'a point aperçue, les gens de la caverne disent la même chose. Mandrin la saisit, malgré ses larmes et ses cris ; il l'entraîne dans l'endroit le plus enfoncé. « Il faut donc, dit-il à ses gens, que je sois ici capitaine et sentinelle. Que faisiez-vous lorsque cette femme est venue observer vos ouvrages? Quelqu'un de vous lui aurait-il donné commission de venir ? Ils répondirent tous qu'ils ignoraient jusqu'à son nom. C'est donc un petit mouvement de curiosité qui vous amène? dit Mandrin à cette infortunée ; vous voulez voir, c'est la fureur des femmes. Hé bien ! jetez les yeux sur cet or, cet argent, c'est le trésor de l'état ; je suis roi, voilà mes sujets. Ce fourneau sert à préparer les matières ; dans celui-là on fait le mélange ; sur cet autre on donne au métal tout le degré de perfection qu'il doit avoir, et on le coule; ici on le frappe, là on le blanchit. C'en est assez pour une femme ; vous avez vu mes richesses, voulez-vous être reine et les partager avec moi? Ah ! Dieu, s'écria-t-elle, que deviendraient mon enfant et mon mari? Ton mari! reprit Mandrin, tu veux le préférer à un homme tel que moi ! Qu'on l'enferme. Cet ordre fut exécuté. On la mit dans la cave où était l'hermite, avec un treillis de bois qui les séparait. Le lendemain on tint conseil, les voix furent partagées : les uns la condamnaient à mort, les autres se contentaient de la prison ; Mandrin penchait pour ce dernier parti. La femme fut amenée devant ses juges : on lui dit qu'elle avait commis un crime en mettant le pied dans un endroit où elle ne devait point paraître ; qu'elle n'avait aucune liberté à espérer ; que si elle voulait s'attacher au capitaine par amitié, sans envie d'échapper, elle vivrait parmi eux avec une chaîne aux pieds ; que si elle s'obstinait à refuser un tel honneur, elle prenait le parti de la mort.

Les larmes et les cris avaient déjà affaibli cette malheureuse ; elle les pressa par tout ce qu'il y a de plus capable de toucher le cœur ; elle redoubla ses prières, et les conjura d'avoir quelque pitié de son malheur et de son innocence. Rien ne fit impression sur ces ames farouches ; Mandrin, qui présidait au conseil de guerre, lui signifia ses intentions : elle rejeta la proposition avec horreur, et lui dit qu'elle n'acheterait pas la vie par un crime. Mandrin espéra que le temps et les assiduités la fléchiraient : il la renvoya en prison. Quelques heures après il y fut seul, il la pressa de prendre quelque nourriture, elle le refusa; il feignit de la douceur, de la compassion, ses ruses n'eurent aucun succès. Il sortit et prêta l'oreille. L'hermite saisit ce moment pour encourager cette femme à demeurer vertueuse, et lui représenta qu'elle devenait coupable en ne prenant aucun aliment...., Mandrin ne lui laissa pas le temps d'achever, il lui fit donner la bastonnade, et le relégua dans un cachot étroit, au pain et à l'eau.

Sa prisonnière ne devint pas plus traitable. Les gémissemens continuels l'avaient réduite à un état de faiblesse qui faisait craindre pour ses jours. Alors Mandrin renouvela plus que jamais ses instances ; il fut repoussé avec une vigueur qu'il ne croyait devoir pas attendre. Alors, entrant en fureur, il commanda qu'elle fût dépouillée de ses habits et qu'on l'attachât nue à un poteau. Dans le temps qu'il lui faisait essuyer mille indignités et mille outrages, un de ses compagnons accourut lui apprendre qu'une femme qui avait trouvé un trésor au pied d'un arbre était perdue depuis quelques jours, et que ce pouvait être celle qui était tombée entre leurs mains. « Quoi ! dit Mandrin à cette innocente victime de ses fureurs, tu as volé mon trésor et tu oses demander grâce ! » Hélas ! dit-elle, savais-je à qui cette somme appartenait ? laissez-moi libre, et je ne tarderai pas à vous le rendre. Non, non, répondit Mandrin, il faut que tu meures : voici deux poignards, choisis par lequel des deux tu veux périr. Comme elle ne lui répondait que par des pleurs, il se tourna vers ses gens et leur dit : Qui de vous sera l'exécuteur de mes volontés? Personne n'avança; Mandrin prit le plus jeune, lui mit le poignard à la main en disant : Tu n'es pas encore aguerri;

je veux t'instruire, sois digne d'être des nôtres, avance,
et frappe.... Tu hésites! vois-tu cet autre poignard? je te
perce toi-même si tu balances encore. Apprends à choisir
les coups; c'est sur la pointe du sein qu'il faut frapper;
enfonce. Comme celui-ci choisissait la place et tardait trop,
Mandrin dans un moment de rage, appuya fortement sa
main sur la sienne et enfonça le poignard. Le sang jaillit
avec force, la jeune malheureuse pousse un cri aigu et
dit : « Hélas! j'eusse trouvé grâce sous la dent des lions
et des tigres! Dieu, vengerez-vous ma mort! Ah! du
moins que mon époux et mon enfant soient plus heureux
que moi. Cher époux, sauras-tu mon sort. Après ces mots,
elle jeta un soupir, ses yeux se fermèrent, sa tête tomba
sur sa poitrine, elle mourut.

Cette femme était âgée de vingt-deux ans. Elle laissait
un enfant de dix-huit mois, et en portait un autre dans
son sein. Ce spectacle fit horreur à quelques compagnons
de Mandrin. Tous n'avaient pas encore appris à être bar-
bares. Ils restèrent immobiles et comme saisis d'effroi.
Mandrin sentit qu'il fallait se rétablir dans leurs esprits
et colorer son crime. « Je vous vois tous tristes, leur dit-il;
d'où vous vient ce silence? Cette femme n'a-t-elle pas mérité son supplice, et votre chef aura-t-il tort avec vous?
Que vous méritez peu d'être sous mes ordres, cœurs lâches
et timides! Si j'avais retenu cette femme avec nous, auriez-
vous pu la conserver sans crainte? N'eût-il pas fallu la
renvoyer dans le temps où nous suspendons nos travaux
pour courir au commerce? Elle-même n'eût-elle pas cherché son évasion pendant notre travail ou pendant notre
sommeil? Si je lui avais laissé la vie qu'elle me demandait,
quels garans aviez-vous de sa discrétion? Ce sexe a-t-il
jamais pu se taire? vous eussiez donc mieux aimé voir vos
ouvrages détruits, votre chef trahi, vous-mêmes, pieds
et mains liés, relégués en prison, livrés à la mort? In-
dignes compagnons, que je devrais abandonner à leur
misérable sort! Eh bien! puisque cette inconnue vous in-
téresse encore, je vais vous apprendre qui d'entre nous
doit commander, de vous ou de moi.

Mandrin allait se porter aux extrémités; dans l'emportement qui l'agitait, il avait même saisi deux pistolets.

Roquairol craignait une révolte; il lui représenta que ses gens avaient pour lui toute la soumission et tout le respect qu'ils devaient à un chef aussi sage, et qu'ils savaient chérir et respecter ses ordres; que cette inconnue avait été justement sacrifiée à l'intérêt commun, et que pour lui en marquer leur reconnaissance, ils allaient tous baiser le poignard qui les avait délivrés d'une ennemie si dangereuse. Il s'avança le premier et le baisa; chacun fit de même. Mandrin parut se calmer; il ordonna qu'on lui ôtât ce spectacle de devant les yeux, et il rentra dans l'hermitage sans montrer aucune agitation ni aucun trouble.

L'hermitage de Mandrin était situé à quelque distance d'une ville fort gracieuse, et avait autour de lui plusieurs petits villages où le bon frère allait faire la quête. Mandrin, qui avait juré de haïr toutes les femmes, en paraissant les aimer, eut à choisir pour adresser des soupirs simulés. Son extérieur prévenait agréablement, et sa conversation charmait; il trouva le secret de plaire, et en laissa des preuves parlantes, tant à la ville qu'au village; on ne parlait que du beau chevalier de Mont-Joli. C'est le nom qu'il s'était donné. Des dames se le disputaient, et les maris n'en paraissaient pas fort charmés. Comme il avait dans sa maison tout l'attirail d'un hermite, il se montra quelquefois dans cet équipage, afin d'éprouver sous quel habit il ferait le plus de conquêtes.

Ces désordres vinrent aux oreilles du grand-vicaire, qui manda l'hermite et l'officier; celui-ci vint seul. L'air d'humilité et de grandeur qu'il sut allier ensemble désarma le grand-vicaire, qui ne sut sur quel ton il devait lui parler. Mandrin sentit l'effet de son imposture. Il marqua son étonnement sur ce qu'un ecclésiastique aussi éclairé donnait si légèrement sa confiance à des gens qui cherchaient à le surprendre. Il dit qu'il se sentait un devoir de lui rendre compte de sa conduite, et qu'ayant cherché la solitude pour gémir devant Dieu, on avait tort de présumer qu'il voulait entrer dans le monde pour plaire aux hommes.

Le grand-vicaire, qui avait la réputation d'un théologien profond, donna pleinement dans le panneau avec toute sa capacité ecclésiastique. Il fit des excuses au che-

valier de Mont-Joli, et le retint à dîner. Pendant le repas,
on agita l'affaire de l'hermite. « Oh! pour celui-là, dit
le grand-vicaire, je suis dans une colère affreuse contre
lui. Je vous conseille, reprit Mandrin, de lui apprendre
un peu son devoir. Il s'en écartera si on ne l'y ramène.
Je me suis aperçu de bien des petites choses qui ne sont
pas de son état. Il commence à négliger la prière, je sens
que ma présence le retient, et j'entrevois qu'il s'oublierait
bientôt s'il ne m'avait pas. Au même instant on annonça
le frère. « Qu'il entre, dit le grand-vicaire, j'ai trop de
choses à lui dire. » L'hermite parut avec un air soumis,
et se prosterna, il se tint le visage contre terre et pleura
amèrement. « Qu'ai-je besoin de vos pleurs? lui dit le
grand-vicaire; d'où vient ce scandale que vous causez
dans l'église? Quoi! fait comme vous êtes; laid, mal vêtu,
hideux, vous allez faire l'aimable dans les villages! Voilà
deux enfans que l'on vous met sur le corps! Ah! mon-
seigneur, répondit l'hermite en pleurant, je n'ai pas in-
terrompu pour cela l'office divin, je ne les ai faits que
dans mes heures de récréation. » Le grand-vicaire indigné
le chassa avec le pied et le menaça d'une punition exem-
plaire. Mandrin rit beaucoup de l'ingénuité de sa réponse,
il s'en servit même pour faire voir au grand-vicaire que
cet homme était plus simple que méchant; cependant il
conclut qu'il fallait en écrire à son visiteur, et il se chargea de lui en demander un autre. Le lendemain il apporta
la lettre; l'air de sévérité qu'il prit fut trouvé très-à-pro-
pos. On loua sa piété, son zèle, et on gémit de voir des
gens qui tenaient en quelque façon à l'église, prendre
des leçons de militaire.

Cependant on commençait à compter neuf mois depuis
l'arrivée du chevalier de Mont-Joli, et quelques personnes
redoutaient l'accomplissement de ce terme fatal. Il arriva
enfin, et fit une augmentation dans plusieurs familles.
Les plaintes éclatèrent. On courut aux juges, au grand-
vicaire et à l'hermitage. Celles qui n'avaient pas encore
déposé leur fardeau, et que Mandrin avait trompées par
de fausses promesses, ouvrirent les yeux aux cris du public, et versèrent des larmes qu'il eût fallu prévenir. Les

mères vinrent en fureur crier aux portes de l'hermitage, et menacèrent d'y mettre le feu. Une d'entr'elles l'y mit effectivement. Ce spectacle attira tous les paysans des montagnes ; les femmes ne virent point paraître le chevalier ni l'hermite, elles crurent qu'ils avaient péri dans les flammes, et elles s'applaudirent de leur vengeance.

Au bout de huit jours, Mandrin fit paraître un autre hermite avec une lettre de son visiteur au grand-vicaire. Le nouveau frère était infirme et vieux ; il demanda pardon au public des égaremens de son prédécesseur, et pria tous ceux qu'il rencontra de l'aider de leurs prières pour réparer l'énormité de ses fautes. Il distribua des chapelets et des images, et sut si bien jouer le personnage d'imposteur que l'on ne s'aperçut pas même qu'il n'avait qu'une barbe postiche. On l'aida à rebâtir la maison, on le consola des dommages causés ; en peu de temps il passa de la disette à l'abondance.

Mandrin s'ennuya dans un séjour où il n'osait paraître, il se mit à voyager, et son absence causa la perte de ses gens. Comme le chef ne présidait plus aux travaux, les ouvriers s'accoutumèrent insensiblement à mépriser les ordres de Roquairol. Ils se répandirent dans les villages, et causèrent du tumulte. On les suivit, leur demeure fut découverte ; mais l'expérience avait appris qu'il y avait du danger à attaquer ces brigands sans être bien muni d'armes en grand nombre. Tous les cavaliers des maréchaussées de Grenoble, de Valance et des villes voisines marchèrent avec beaucoup de célérité et de secret. La montagne fut investie et l'hermitage assiégé ; on enfonça les portes sans trouver aucune résistance et sans apercevoir personne. On fut long-temps à découvrir le chemin obscur qui menait au grand souterrain pratiqué dans l'intérieur de la montagne ; et si ce fâcheux incident n'eût pas retardé les progrès des assiégeans, c'était fait de la bande. Tout y était en confusion. Roquairol et Perrinet disputaient le commandement ; celui-ci avait une faction qui osa demander son rétablissement, et qui refusa d'obéir. Roquairol avait un parti plus fort à lui opposer. Ces deux coquins se battirent dans la chaleur de l'emportement, et peut-être dans la fumée du vin. Perrinet fut encore malheureux, il reçut deux coups qui l'abattirent, son parti fut enfoncé, il y eut des blessés et des morts; l'acharnement ne fut pas assez grand pour causer un dommage plus considérable. L'idée du danger se renouvela, et fit cesser un combat qui n'eût dû trouver sa fin que dans l'extinction de ces dangereux ennemis; mais ils devaient vivre encore pour nous montrer ce que peut la scélératesse, et faire briller les funestes talens de Mandrin. Ils se chargèrent promptement de tout ce qu'ils purent emporter, mirent le feu au reste, et tuèrent les blessés qui ne pouvaient pas fuir; et s'échappèrent par le conduit qui les fit sortir de l'enceinte de la montagne.

Le véritable hermite, qui avait été relégué dans un cachot, fut trouvé sans mouvement et presque sans vie. Il y avait plusieurs jours qu'on avait oublié de lui porter à manger; on le rendit à la lumière. Mais quelle douleur pour lui de se voir chargé de chaînes et traîné dans une autre prison pour paraître devant le juge! On n'eut pas de peine de reconnaître son innocence; chacun s'empressa alors de savoir de sa bouche la vie qu'il avait vu mener à ces brigands. Il leur apprit le meurtre de la femme, les coups de bâton qu'il avait reçus à ce sujet, et la dure pénitence que Mandrin avait fait faire aux deux employés. C'étaient deux jeunes gens pleins de zèle pour les intérêts de la ferme, qui avaient confisqué quelques marchandises de Mandrin, et que Mandrin avait surpris. L'un était âgé de vingt ans, l'autre en avait dix-huit, de la hardiesse, du courage, et une forte envie de parvenir. Mandrin les mit en cage, d'où il les tirait trois fois le jour, pour leur faire faire ce qu'il appelait l'exercice, auquel ils eurent peine à s'accoutumer, et qui consistait à paraître nus en chemise devant la troupe assemblée, et à se prosterner aux pieds du chef, et à lui demander humblement pardon des dommages qu'on lui avait causés. Le grand-pénitencier les recevait ensuite et leur demandait lequel était plus de leur goût, de la bastonnade ou du fouet. Il fallait opter; et alors on leur appliquait quarante ou cinquante coups de bâton sur le dos ou sur la plante des pieds, en les assurant que c'était pour le bien de leurs ames. Lorsqu'ils

avaient choisi le fouet , pour varier, on les étendait sur
une grosse poutre de bois , à peu près comme une amarine
sur un canon , et on frappait sur le derrière avec un jonc
fendu en quatre , au bout duquel étaient des cordes nouées,
et lorsque la peau s'ouvrait sous les coups , on frottait la
partie affligée avec du vinaigre bien imprégné de poivre
d'Espagne , et on appliquait promptement un emplâtre
de boue et de sel. Quelquefois on les suspendait en l'air
pour amuser pendant le repas , et on les faisait tourner
à grands coups de verge. Dans d'autres temps on les élevait de terre en leur passant les mains entre les jambes ,
ce qui ployait le corps en rond , et l'on touchait de toutes
parts. Ils avaient défense de se tenir sur leurs pieds en
présence des gens de la caverne ; l'ordre portait qu'ils rem-
peraient comme les bêtes , et dans cet état on leur jetait
des morceaux de pain que la faim leur faisait dévorer. On
les renfermait ensuite dans leur cage , en les avertissant de
se tenir prêts pour l'exercice prochain , et on les nourris-
sait dans la plus grande frugalité. L'hermite assura bien
qu'il n'avait jamais succombé à la tentation de leur donner des avis , et il ajouta qu'il ignorait absolument ce qu'ils
étaient devenus. On présume que Roquairol, pressé de
fuir , mit le feu à la cage , et les fit périr dans les flammes.

Quand à la vie que menaient ces brigands , elle était
partagée entre le travail et la volupté. Il y avait un ordre
établi pour les heures de sortir et de rentrer. Ils man-
geaient tous ensemble : Mandrin seul avait une table de
six couverts , à laquelle il les admettait successivement. Ils
avaient des meilleurs vins du pays , et des viandes choi-
sies. Quelques-uns d'entr'eux jouaient des instrumens et
amusaient pendant le repas. Le temps de dormir était depuis huit heures du matin jusqu'à quatre du soir ; celui
du travail depuis neuf heures du soir à quatre du matin. Le
capitaine et le lieutenant étaient les juges des querelles
qui s'élevaient : ceux qui, en leur présence, en venaient
à des voies de fait, étaient punis de la prison. On soup-
conne qu'ils avaient quelques femmes travesties en hommes : Mandrin ne voulut jamais admettre que celles qui
étaient vraiment mariées ou parentes de ceux qui travail-
laient sous lui ; il fut toujours attentif à prévenir l'embarras des enfans et les dangers de l'indiscrétion.

Lorsque les Archers eurent pénétré , ils ne trouvèrent que de la fumée et des cendres. Ils aperçurent une chambre qui recevait quelque jour de biais , et qui avait été épargnée : autour étaient de fausses armoires qui paraissaient être le dépôt des trésors de Mandrin. On se contententa de placer une sentinelle à la porte , et on battit la campagne pour découvrir la bande ou les traîneurs. A peine les brigands furent-ils à quelques pas de l'hermitage que l'on entendit un grand bruit ; c'était la salle qui sautait avec fracas. Mandrin avait fait pratiquer une mine par-dessous , et Roquairol , qui avait mis le feu aux mèches en sortant , crut avoir enveloppé dans ce boulversement la plus grande partie des maréchaussées du Dauphiné. Il s'arrêta dans cette confiance ; ignorant que les terres n'avaient couvert que la sentinelle et quelques curieux.

Cependant les villages voisins avaient ordre de prendre les armes et de sonner le tocsin lorsqu'ils apercevraient ces ennemis de l'état. Mandrin revenait avec beaucoup de sécurité : la fermentation qu'il aperçut dans les campagnes, le son des cloches qu'il entendit, le prévinrent sur ce qu'il avait à craindre ; il poussa son cheval, et apprit de quelques paysans l'endroit où l'on avait vu paraître la bande que l'on cherchait. Il feignit de se joindre à eux pour les combattre ; et fut droit au bois où ses gens avaient fait leur retraite, Roquairol n'avait pas encore eu le temps de se retrancher , et il croyait même ne pas avoir besoin de cette précaution , se persuadant faussement que c'était fait des archers , et qu'il n'avait à se défendre que contre des paysans peu aguerris. Mandrin , qui avait vu le danger, fit abattre promptement des arbres , qu'il entrelaça, et exhorta tout son monde à bien faire. Le prévôt des archers, que l'on dit être le même que celui qui avait forcé le château du procureur, ne crut pas devoir exposer témérairement ceux qu'il commandait. Il fit faire une quantité considérable de fagots, que les paysans élevèrent devant eux en approchant ; et il y mit le feu. Le vent , qui était violent , porta les flammes dans les rétranchemens et au visage des assiégés , ce qui les incommoda beaucoup. Mandrin ne voulut point périr par le feu, il déboucha par le côté où les flammes ne portaient pas, et forma un bataillon carré. Sitôt qu'il parut on fit sur lui des décharges qui ne blessèrent que quelques hommes. Il avança fièrement en faisant un feu continuel. Le prévôt ordonna aux paysans de s'ouvrir et de se former sur deux haies, qui ne cessaient de faire des démarches, quoique fort éloignées. Mandrin, au lieu de suivre cette route, se replia brusquement sur une côte; mais sa troupe était affaiblie par le nombre des blessés. Le prévôt, qui avait voulu l'amener à ce point, fondit dessus avec six cavaliers, et acheva de le détruire le sabre à la main. Plusieurs de ces brigands furent tués, d'autres échappèrent par la fuite; et une partie mourut sur les rochers, des blessures qu'ils avaient reçues. Mandrin fut pris tout couvert de sang et de poussière, et avec lui ses deux frères et cinq de ses gens. On assure qu'il aurait pu fuir, et qu'il ne soutint un combat si opiniâtre que pour couvrir l'évasion de ses camarades. Il fut terrassé par deux employés d'une brigade voisine; et c'est ce qui lui a fait jurer contr'eux cette perte implacable qui a fait couler des ruisseaux de sang.

Mandrin, aussi tranquille dans les fers qu'à la tête de sa bande, fut conduit en prison, entouré de huit fusiliers, la baïonnette au bout du fusil. En chemin il demanda un verre d'eau, et dit qu'il avait assez combattu pour être altéré. On le tint éloigné de ses gens, qu'on mena sous une bonne garde, et on les jeta dans les prisons de Grenoble. On prit toutes les précautions possibles contre la simplicité des dévotes. Mandrin ne parla qu'à ses juges. Il fut condamné à mort et amené au supplice. La seule grâce qu'il demanda fut de n'y pas être conduit en charette. On accorde assez les demandes des criminels dans ces derniers momens : on permit qu'il fût à pied; et on ordonna qu'il eût les bras liés avec une forte corde. Il marcha dans cet équipage jusqu'à la vue de l'échafaud; alors ce spectacle ranima ses forces; il rompit les cordes, étendit les bras, culbuta le confesseur, le bourreau et les archers, donna tête baissée dans la foule, gagna la porte de la ville et les montagnes. On courut, mais il courait beaucoup mieux. Ses deux frères et ses camarades perdirent la vie, Mandrin sauva la sienne.

Tandis qu'on contait à Grenoble les forces du criminel, et que les uns attribuaient ce prodige à la vertu secrète de quelque herbe, et d'autres à une force magique, les archers, secrètement piqués de cet affront, songeaient à le réparer. Ils envoyèrent le signalement de Mandrin dans toute la province, et mirent des espions sur pied. Mandrin, qui avait prévu ces recherches, marcha loin sans se montrer. Au bout de quelques jours, il aperçut une chartreuse, il s'y présenta avec de fausses lettres, pour être reçu au rang des couverts ou portiers. On l'examina long-temps, on balança, il fut refusé. De là il se retira dans un petit-bois, pour dévaliser ceux qui tomberaient sous sa main. La nécessité ne lui laissait plus aucune ressource. Le premier qui se présenta fut un cordelier: Mandrin lui demanda s'il pouvait le confesser. Le père dit qu'il avait les pouvoirs. Mandrin l'emmena dans le bois, prétextant un malade à l'extrémité ; là il lui ordonna de quitter ses habits ; et se les fit donner par force, en lui abandonnant les siens. Il voulut bien ne pas se défaire de lui. Son intention était de laisser vivre un homme qui allait publier par-tout que Mandrin était vêtu en cordelier et d'attirer les recherches des archers de ce côté-là, qu'il s'apprêtait à jouer un autre personnage. Il avait ouï dire qu'un disciple de Cartouche avait fait un grand butin en Normandie avec la chasse de Saint-Hubert. Il forma le dessein d'user de ce stratagême, espérant le mieux conduire. Il s'ouvrit à un ami, mais il fut trahi et arrêté. Il y avait une nuit à passer pour le conduire à Grenoble : les archers redoutèrent ce temps. Ils chargèrent Mandrin de fers et de cordes, et ils le descendirent dans une citerne qu'ils sondèrent : ils mirent dessus des poids et des pierres, et placèrent deux sentinelles que l'on relevait de deux heures en deux heures. Ces précautions paraissaient assurer la prise. Cependant Mandrin se défit de ses pieds, cassa ses cordes, et se servit de ses fers pour ouvrir le mur qui donnait dans une cave. Il battit le briquet, examina les lieux, força quelques portes, et prit son chemin par des sentiers que lui seul connaissait. Il vint jusqu'à Embrun, de là il descendit à Avignon, et reprit les bois du Rhône pour se rendre à Viviers, où il comptait savoir quelques nouvelles de ceux qui avaient échappés au dernier combat. On lui dit que plusieurs étaient morts de leurs blessures, et que l'on soupçonnait que Roquairol avait eu ce malheureux sort ; mais que l'on était assuré que Perrinet était vivant. Mandrin continua sa route, fut à Lyon, où il s'engagea. Il y avait du danger à paraître ; il feignit une maladie, emporta l'argent du capitaine et lui débaucha trois hommes de recrues qu'il emmena. Perrinet de son côté le joignit avec quatre autres. Au bout de huit jours la nouvelle bande montait à quatorze, tous gens proscrits et pleins de courage. Comme ils se trouvaient sur les frontières, Mandrin les dirigea sur une montagne, de laquelle il découvrait les terres de France et celles de Savoie. La saison était rigoureuse, et le froid très-piquant. On ignorait quel but avait cette marche à laquelle on ne se prêtait que par la confiance que ce chef avait su gagner. Mandrin fit dresser un autel avec des bois et de la terre, il plaça dessus un trepied, des charbons allumés, de l'encens dans un bassin, une feuille de parchemin, et une lame d'acier. Autour étaient quatorze siéges préparés avec de la terre, et au milieu celui du chef, plus élevé que les autres. Mandrin prit place, tous firent de même ; il enfonça son chapeau, et leur parla en ces termes :

« Vous voyez, chers compagnons, un chef qui a su braver plusieurs fois les caprices de la fortune et les périls des combats. Epouvanté long-temps par les bizarreries du sort, j'ai vu ma puissance affermie et ruinée, j'ai commandé en souverain, j'ai vécu dans les fers, et dans ces différens états mon ame inébranlable a vu d'un œil égal toutes mes pertes et tous mes succès. Un seul souvenir m'afflige. Ne croyez point, chers compagnons, que je porte mes regrets sur cette abondance d'or qui aurait pu éblouir mes yeux, ou sur les plaisirs tranquilles de cet hermitage qui devait être cher à mon cœur. Non que les archers acharnés à ma perte m'aient traité avec infamie, j'excuse leurs fureurs ; que des juges, imbus des prétendues idées du bien public, m'aient envoyé au supplice, j'oublie l'erreur de leur conduite. Les uns ont des maîtres, ils doivent obéir ; les autres des lois, ils ont cru les suivre. Mais le

dirai-je? que de vils employés aient porté sur moi leurs
perfides mains, qu'ils m'aient terrassé dans le combat,
qu'ils m'aient insulté avec outrage, et qu'ils attribuent à
la bravoure ce qu'ils ne doivent qu'à la fraude ou à l'é-
puisement de mes forces, voilà, chers compagnons, ce
qui fait l'opprobre de mes jours, et ce que je n'envisage
qu'avec horreur. Mais ce glaive, ce bras qui a su combattre, sauront venger l'affront dont mon front est couvert. Oui, je jure à cette race odieuse une haine implacable : je veux leur porter une guerre qui ne s'éteindra
que dans leur sang ou dans le mien, ma mort devient
nécessaire à l'exécution de mes projets : puissé-je dès ce
moment immoler toutes ces victimes à ma vengeance, et
descendre chez les morts ! Cet autel, cet encens, ces feux
sont les garans des sermens que je fais. C'est peu de les
prononcer aux dieux du ciel et des enfers, je vais les
écrire de mon sang. Approchez, chers compagnons, et jurez
avec moi.

Mandrin avança vers l'autel, ses compagnons l'entou-
rèrent, un genou en terre et le glaive à la main ; il prit
la pointe d'acier, s'ouvrit le bras, traça des caractères
avec son sang ; fit des évocations magiques sur le trepied,
brûla de l'encens, et, la main levée, jura à la ferme et
aux employés toute la haine qu'Annibal avait jurée aux
Romains. Le serment fut prononcé successivement par tous
ceux qui l'entouraient, et trop religieusement observé.

Après cette cérémonie, Mandrin se plaça sur son trône
une seconde fois, puis montrant à ses compagnons les terres
de France et de Savoie, il leur dit : chers amis, prome-
nez vos regards sur ces riches contrées, voilà le théâtre
de nos expéditions militaires ! cette terre a des richesses
que cette autre n'admet pas, transportons-les d'un royaume dans l'autre, je vous en donne les droits, et j'aban-
donne ceux qui m'ont fait frapper la monnaie des souverains. Ne songeons qu'à commencer le fer à la main, et
si quelques employés y mettent obstacle, frappez et portez
la mort jusqu'au sein de leurs foyers mêmes.

Ces discours produisirent tout l'effet que Mandrin en
devait attendre. Ses compagnons, engagés par serment et

par état, se livrèrent aveuglement à ses volontés. Ils furent sur les terres de Savoie, et apportèrent des marchandises de contrebande malgré les rigueurs de l'hiver. Le 5 janvier 1754, ils les déposèrent au village de Curson, et le 7 ils apprirent que les cinq employés de la brigade de Romans étaient à leur poursuite. Mandrin sourit à cette nouvelle, et vit avec un plaisir secret qu'il touchait au moment d'entamer le projet de ses vengeances. Il laissa trois hommes pour la garde de ses marchandises, en envoya un à la découverte, et marcha avec quatre autres. Les employés étaient sans défiance. Mandrin fut à leur rencontre; il les aborda froidement, les persuadant à croire qu'il était lui-même employé. Mais à peine eut-il remis son chapeau qu'il fit une décharge de tout son monde, qui tua le brigadier avec un employé, et en blessa deux autres, dont un ne vécut que deux jours. « Ces gens ont de belles armes, dit Mandrin, je veux m'équiper à la brigadière, et faire un échange. » Il jeta sur son dos la mante du brigadier, prit son chapeau, et monta sur son cheval. L'équipage des autres fut au profit de la troupe.

Le lendemain on apprit qu'un employé de la brigade du Grand-Lemps paraissait fâché de ne s'être pas trouvé avec la brigade de Romans, et qu'il ne cherchait que l'occasion de montrer son courage. Mandrin promit de l'aller voir, et tint parole. La nuit suivante, il fut frapper à la porte du sieur du Tret, qui était cet employé, et lui demande en quoi on pouvait l'obliger. Du Tret surpris du compliment, fit de mauvaises excuses dont on ne se paya pas. On prit ses meubles, ses armes, son cheval; sa femme elle-même fut obligée de conduire les voleurs dans les endroits où il y avait à piller, tandis que son mari se dérobait à leur fureur.

Mandrin trouva de la grandeur d'ame dans l'air avec lequel cette femme vit piller sa maison et emporter ses meubles; il balança pour les lui rendre, et ce ne fut qu'en considération qu'il ne fit pas de plus grandes recherches contre son mari, qui devait subir la loi du serment. Le bruit de ces deux actions se répandit dans toute la province. L'espoir du gain et l'amour du pillage attirèrent à

Mandrin quantité de sujets qui demandèrent à être ins-
crits. On exigeait de deux choses l'une : la première,
qu'ils fussent déserteurs, afin de ne pas être tentés de trahir que par la vue de leur propre danger : la seconde,
qu'ils eussent été au moins une fois condamnés à être
pendus pour raison de contrebande ou de fausse monnaie,
et qu'ils eussent fait preuve d'adresse en forçant les prisons.
On n'admettait pas aisément ceux qui n'étaient que voleurs, assassins ou inviolables. On trouvait aux uns trop
de timidité dans le péril, et aux autres un défaut d'industrie dans le commerce. Après de longues épreuves et
des recherches sur sa vie passée, le récipiendaire était
interrogé sur la connaissance des sentiers et des défilés,
sur les gués des rivières, sur la façon de passer les marchandises des différentes espèces, sur l'art de faire faire de
fausses courses aux employés, sur la manière d'attaquer
les brigades et de s'en défaire. Il prêtait ensuite le fameux
serment dont nous avons donné la formule, et prenait
place dans le corps, moins selon le rang de réception que
selon le degré de ses talens.

Le Dauphiné, le Languedoc, une partie de l'Auvergne,
le Lyonnais et le Mâconais étaient inondés des marchandises de Mandrin, ce qui commençait à porter préjudice
au commerce, et plus encore aux droits de ferme. On dit
même qu'il s'étendait jusques dans la Franche-Comté,
d'où il allait se fournir dans la Suisse. Il passa la fin de
l'hiver et le printemps de 1754 à se répandre dans les
villages et les bourgs de ces différentes provinces. Au mois
de juin il se rapprocha de Vienne, et le 7 il se trouva sur
les bords du Drac. Cette rivière, ou plutôt ce torrent, lui
parut trop rapide, le détour lui montrait un chemin trop
long, il résolut de forcer le pont de Graix. Perrinet prit
un habit d'officier avec une croix de Saint-Louis, se présenta à la tête du pont, suivi d'un domestique, et demanda passage. Un des gardes ouvrit, Perrinet lui brûla
la cervelle, se rendit maître du passage ; toute la bande
vint fondre à l'instant et s'étendit sur le pont ; des employés
parurent, on les poussa dans leur corps-de-garde ; bientôt
on força les portes, on blessa plusieurs d'entr'eux, et tout

fut au pillage. Un particulier, voisin du pont, vit cette
scène, et crut ne devoir être que témoin. Mandrin fit in-
vestir sa maison, et le somma d'en ouvrir les portes. Il fit
des perquisitions par-tout, et, soupçonnant toujours qu'on
le trompait, il commanda au propriétaire de lui livrer ceux
qui s'étaient réfugiés chez lui, en le menaçant de le faire
pendre à sa porte. Le propriétaire l'assure mille fois qu'il
n'avait donné asyle à personne, et demande grâce. « Non,
lui dit Mandrin, tu ne peux pas être honnête homme,
puisque tu as choisi un si mauvais voisinage. Devais-tu te
confondre avec un tas de vils employés ? Ce fut un malheur pour Mantoue d'être trop voisine de Crémone, c'en
est un pour ta maison de toucher un pont qui m'est contraire. Je te livre au pillage. Il n'y eut pas à repliquer,
Mandrin avait trente scélérats qui savaient obéir.

Le 10 du même mois, quelques employés de la brigade
de Faulimont prirent le chemin de Montélimart. Il fut instruit de leur marche par ses espions. « Quoi ! dit-il, ces
messieurs passent et ne me rendent aucune visite ? je veux
les aller saluer au passage. Il prit six hommes bien armés,
et se plaça derrière des buissons épais. Il découvrit les
employés de loin, et comme ils ne marchaient pas ensemble, il jeta au milieu du chemin une lettre à son adresse
et un mouchoir d'indienne, pour les occuper. Ceux qui
s'avancèrent les premiers crurent avoir fait une grande
découverte ; et ceux qui étaient derrière doublaient le pas,
et lorsqu'ils furent réunis, Mandrin fit sa décharge. Les
employés prirent la fuite. Un d'entr'eux tomba à dix pas ;
un second, qui s'arrêta à cause de sa blessure, fut mas-
sacré inhumainement, deux autres s'échappèrent en tei-
gnant le chemin de leur sang.

Ces actes d'hostilités ne plaisaient pas beaucoup aux brigades des fermes, qui n'en remportaient aucun avantage.
Les nouvelles qui leur venaient de tous côtés leur appre-
naient que ces meurtres n'étaient que le prélude d'une
guerre plus sanglante qu'on leur préparait, et que leur
perte avait été jurée sur les autels. Leur intérêt particulier
se trouvant lié avec celui de la ferme, ils songèrent à
pourvoir à l'un et à l'autre. Comme il importait beaucoup

d'être informé des démarches de l'ennemi, ils répandirent des espions dans les campagnes, et eux-mêmes ne marchèrent plus qu'avec beaucoup de circonspection. Mandrin apprit que sa conduite était observée ; il donna ordre à ses gens de n'épargner aucun des espions qui tomberait entre leurs mains, de les accrocher aux arbres ou de les fusiller ; ce qui fut malheureusement exercé dès le lendemain.

Le 11 juin, un sergent du régiment de Belsunce, qui faisait recrue dans le Vivarais, passa par la paroisse de Saint-Basile ; la chaleur était grande, il demanda un cabaret, et s'arrêta quelque temps à la porte de celui de Thioulle, qu'on lui indiqua. Les contrebandiers y buvaient en prirent ombrage ; un d'entr'eux lui demanda brusquement qui il était, et ce qu'il prétendait faire. Le sergent, peu accoutumé à ces sortes de demandes, répondit avec beaucoup de résolution. Là-dessus ils sortirent trois et lui déchargèrent trois coups de fusil ; il tomba en faisant un mouvement pour se défendre, et expira. Ce meurtre ayant excité la compassion de ceux qui en avaient été témoins, on demanda aux contrebandiers pourquoi ils déchargeaient ainsi leur fureur sur un innocent qui n'avait aucun intérêt à se démêler avec eux. Ils répondirent que cet homme était un employé travesti ou un espion ; et sur ce qu'on leur montra le contraire, ils marquèrent quelque peine pour cette méprise, et ajoutèrent qu'il était également dangereux d'être employé ou d'en avoir apparence.

La bande se répandit ensuite dans le Rouergue, et commit de grands désordres dans les villages. Les femmes se cachaient, les filles n'osaient se montrer. La force amena la licence : on forçait les maisons, dont on ne chassait que les maris ou les pères, et l'on s'y établissait en maître. On avait beau payer en contrebande ou en argent, ces sommes n'entraient pas en compensation avec l'usurpation de certains droits, et les femmes devinrent bientôt une marchandise que les hommes cachaient plus soigneusement que la contrebande même.

Mandrin exerça sur les chemins la violence qu'il avait exercée dans les maisons. Il fit arrêter tous ceux qui tom-

bèrent sous sa main , et les contraignit d'acheter ses marchandises , en leur montrant les profits qu'il y avait à faire
dessus. En vain lui représentait-on le danger de ce commerce , bon gré , malgré , il fallait plier sous cette loi ;
mais ces violences ralentissaient le commerce. Les Lyonnais
craignaient les bords du Rhône. Les négocians de la Bourgogne , de l'Auvergne et du Bourbonnais ne trouvaient
plus de sureté sur les routes du Languedoc et de la Pro-
vence , pour pénétrer jusqu'aux ports de la Méditerranée ;
ils marchaient en troupe , ce qui ne leur réussissait pas
mieux , eu ils prenaient des détours fatigans qui doublaient
la dépense.

Un marchand , que son commerce appelait à Marseille,
s'arrêta à Saint-Rome de Tarn. Il avait pris un mauvais
habit pour cacher son état, ce qui trompa Mandrin ; mais
en fuyant un écueil, il donna dans un autre. On le prit
pour espion , et on le poursuivit à grands coups de fusil.
Une porte se trouva ouverte , il s'enfonça dans la maison,
sortit par derrière , et échappa. Mandrin entra après lui ,
et demanda que cet homme lui fût livré. Il enfonça les
portes et culbuta les meubles ; il menaça du fer et du feu ;
tout retentissait de ses juremens et de ses fureurs. Il saisit
une jeune femme par la main, et lui ordonna de lui montrer le coupable ou de s'attendre à essuyer toute sa vengeance. Cette femme méritait des égards par sa beauté , par
son âge , et plus encore par sa grossesse ; Mandrin , inexo-
rable , persista à la menacer de la mort ; puis , faisant un
pas en arrière , saisit son fusil et lui enfonça la baïonnette
dans le ventre. Ainsi l'on vit ce scélérat porter deux morts
par un seul coup : une mère perdit le jour qu'elle conser-
vait à un inconnu ; l'enfant sentit le fer avant d'avoir vu
la lumière.

On donna à cette action toute la haine qu'elle méritait.
Mandrin devint un objet d'exécration et d'horreur ; et si
les employés avaient su mettre à profit les dispositions des
gens du pays , il périssait , et ses gens succombaient avec
lui. Ce monstre , au contraire , ne fit qu'étendre ses des-
seins , et ne réprima point ses attentats. Il vit que le peuple fuyait , il le méprisa , et tourna ses vues d'un autre

côté, Le projet qu'il méditait demandant de la hardiesse pour l'exécution, il voulut bien le soumettre aux lumières de son conseil. Il assembla ses officiers, et leur en fit part en ces termes : « Mes exploits, chers compagnons, ont inspiré aux employés la terreur de nos armes. Je ne vois plus leur brigade s'égarer dans les campagnes et nous disputer les droits du commerce. Soyez assurés qu'ils ne s'amuseront plus désormais à ouvrir mes lettres. Mais je m'aperçois que le peuple effrayé ne se prête plus au débit de nos marchandises et qu'il les dédaigne. J'ai trouvé d'autres mains pour les lui présenter. La ferme a des entreposeurs qu'elle paye ; ces mêmes entreposeurs sont les gens que je choisis, je veux m'en servir et qu'ils me payent. J'irai à votre tête leur porter mon tabac ; et si vous avez encore ce courage que je vous ai vu dans les combats, si vous êtes toujours dignes de vous et de moi, nous laisserons à la postérité des faits mémorables que tous les siècles ne détruiront pas. »

La nouveauté de ce dessein plut beaucoup, on y applaudit avec éloge, et chacun offrit son sang pour en assurer l'exécution. Le 30 juin, Mandrin fit charger des ballots de tabac sur des mulets, entra dans Rhodès, et fut droit à la maison de l'entreposeur de la ferme. Il avait avec lui cinquante-deux hommes bien armés, la baïonnette au bout du fusil. Il entra seul, pria l'entreposeur de descendre ; et étala sa marchandise. L'entreposeur, étonné, ne savait s'il en voulait croire ses yeux. « Ne prenez pas ceci pour un songe, lui dit Mandrin, ce que vous voyez est du vrai tabac, le vôtre n'a pas une sève plus admirable ; je vous l'abandonne à quarante sous la livre, et je ne veux pas d'autre acheteur que vous. » Cette proposition étonna encore plus que l'impertinence même de l'action. L'entreposeur se trémoussa beaucoup, et voulut crier à la violence, à l'injustice. Mandrin le prit par la boutonnière, et le pria de voir les baïonnettes, les fusils et les sabres qui l'entouraient. Le danger n'était pas équivoque. L'entreposeur compta l'argent qu'on lui demandait, et reçut des offres de services assaisonnées du ton le plus railleur.

Rien ne manquait au triomphe de Mandrin. La ferme humiliée, pliait sous ses ordres, et son escorte victorieuse chantait insolemment sa gloire. Il se rappela qu'on avait déposé à l'Hôtel-de-Ville quelques armes saisies sur des contrebandiers qu'il avait commandés autrefois ; il écrivit au subdélégué de l'intendant, et en demandant la restitution. On dit même qu'il ne daigna pas faire de menaces dans sa lettre ; sa troupe annonçait assez ce qu'on avait à craindre : le feu, le pillage, le meurtre se présentaient aux yeux sous les images les plus effrayantes ; chacun fuyait dans les maisons ; il fallait obéir ou avoir des mains pour repousser la violence.

L'expédition de Rhodès ayant eu un heureux succès, Mandrin fut faire le même compliment à l'entreposeur de Mendes. Comme il se présenta avec la même audace ; les conditions qu'il prescrivit furent exactement remplies ; il déposa ses ballots et reçut de l'argent.

On ne peut exprimer la joie de sa troupe et l'effet que ces deux actions avaient produit sur leur esprit. Ils ne songeaient à rien moins qu'à épuiser la Suisse et la Savoie des marchandises prohibées en France, et à les faire accepter dans tous les bureaux des provinces. Mandrin, plein de ses idées, prit la route de la Suisse, et voulut se montrer dans sa patrie. Il y trouva, en arrivant, un employé qu'il avait remarqué dans le combat de l'hermitage, celui-là même qui avait arrêté, à ses côtés, Pierre Mandrin son frère. Il entra chez lui, le sabre nu, et lui dit : « Moret, te souviens-tu de ce combat dans lequel tu osas te présenter devant Mandrin. Te rappelles-tu ce jeune homme que tu eus la perfidie d'arrêter ? Je suis son frère et le vengeur de sa mort. » Moret se jeta à genoux en le suppliant, et présenta un jeune enfant de dix-huit mois qu'il tenait entre ses bras, espérant que ce spectacle attendrirait le cœur du barbare. « Tu as arrêté mon frère, dit Mandrin, tu es employé, et tu demande grâce ! Péris, toi et ton enfant ; puissé-je en exterminer la race ! « Il les frappa de son sabre sur la tête, et il ne cessa que lorsqu'il les vit en morceaux et baignant dans leur sang.

Le pays entier n'avait pas assez de forces pour faire face à ce meurtrier. Il continua à se montrer ouvertement et à jouir de l'impunité de ses crimes. Il augmenta même.

sa bande de quelques sujets, et se jeta en Suisse, où il
resta jusqu'à la fin de juillet. Comme il s'apprêtait à rentrer en France par la Franche-Comté, les brigades de
Mantes et de Chauneye furent à sa rencontre. Mandrin,
que ses espions instruisaient exactement du nombre de ses
ennemis, de leur marche et de leur force, les fatigua
long-temps par des marches et contre-marches qui lui
parurent nécessaires autant pour la sureté de sa troupe
que le débit de son tabac. Enfin lorsqu'il se fut déchargé
de ce qu'il avait de plus embarrassant, il campa à côté
d'un petit bois, un marais devant lui et une montagne
derrière. Il fallait, pour l'atteindre, pénétrer dans le bois,
où il avait jeté du monde, ou forcer un passage étroit
qu'il avait coupé par un fossé et embarrassé de chariots.
Les employés ne virent point le péril ; leur nombre leur
inspira de la confiance, et la vue des chariots parut assurer la prise du butin. Ils avancèrent. Deux contrebandiers
buvaient dans un cabaret, ils coururent promptement joindre leurs camarades et marchèrent sans être vus, à cause
des buissons. Un des deux aperçut un grand homme, que
sa taille et ses cheveux longs distingaient parmi les autres, il lui tira un coup de fusil qui le renversa de dessus
son cheval. Tous les employés mirent pied à terre, et ne
le trouvèrent pas ; mais ils approchèrent du fossé, il en
sortit un feu terrible qui en incommoda un grand nombre
et les dispersa tous : ils se rallièrent et revinrent à la charge
sur un front plus étroit, ils essuyèrent un feu fort vif,
et descendirent dans le fossé, d'où ils délogèrent les contrebandiers. Ceux-ci, qui avaient un retranchement plus
fort, coururent derrière leurs chariots ; les plus ardens des
employés y pénétrèrent avec eux, et se trouvèrent enfer-
més quand on boucha le passage. « Soyez les bien venus,
dit Mandrin, il ne pouvait vous arriver rien de mieux.
On leur lia les pieds et les mains. Cependant on faisait
derrière les chariots un feu continuel, et la troupe des
assaillans ne remportait aucun avantage. Ils songèrent à
leur retraite. Mandrin fit filer une partie de ses gens derrière les haies, et sortit à la tête de vingt-deux hommes.
Lorsqu'il déboucha, les employés firent une décharge et
s'aperçurent trop tard qu'ils avaient tiré sur leurs propres

camarades que Mandrin faisait marcher devant lui. Ils
repassèrent le fossé en désordre, la baïonnette dans les
reins, et lorsqu'ils se furent étendus le long des haies, ils
essuyèrent en flanc une décharge qui acheva le combat.
Ils remontèrent promptement sur leurs chevaux, laissè-
rent plusieurs morts sur la place, et ramenèrent bien des
blessés. Mandrin, au milieu de la victoire, se plaignit de
deux choses : la première, de ce que les employés qui
étaient entrés dans ses retranchemens étaient morts de leurs
blessures ; la seconde, de ce qu'il ne s'était pas emparé des
chevaux pendant le combat, et se reprocha long-temps cette
faute, qui pouvait en être une.

Le combat fini, Mandrin fit enterrer les morts avec tous
les honneurs militaires, des décharges de sa mousqueterie.
Il ordonna ensuite que l'on dépouillât les employés que
l'on trouva morts et qu'on les attachât à des arbres loin
de son camp. Ce poste était avantageux, il s'y maintint
quelques jours, et y vendit son tabac sous les yeux mêmes
des employés qui rôdaient et n'approchaient pas. De là
il se rendit en Savoie et pénétra de nouveau en France
les armes à la main. Les débitans de Caprone, les bu-
ralistes de Brioude et de Montbrison payèrent son tabac
comme avaient fait leurs confrères de Mendres et de Rhodès. Il ne fallait ni hésiter ni se plaindre.

Montbrison fut encore témoin d'une scène dont on ne
peut à peine comprendre l'audace. Mandrin apprit que
les prisons étaient pleines de criminels, il commanda que
l'on ouvrît les portes ; il en tira quatorze, en disant qu'il
aimait à répandre des bienfaits et qu'il ne devait point
laisser ces malheureux sur son passage. Cependant il ne
voulut pas paraître autoriser le crime, et il résolut d'être
le libérateur de tous ceux qui étaient détenus pour ses
forfaits. C'est ainsi qu'il commençait à usurper les droits
des souverains, ou qu'il crut l'être.

Ce prétendu prince qui brisait les fers faisait en même
temps le métier de voleur sur les grands-chemins, et il
donnait toujours la préférence aux commis des fermes.
Le 2 septembre il découvrit que des employés étaient

chargés des appointemens de la brigade de Cormorenche, dans la Bresse ; le plaisir de les dévaliser le flatta trop pour le laisser à d'autres. Il les arrêta sur le pont de la ville, en plein jour, en présence de cent témoins, les vola, tira sur eux, et emporta l'argent. Quelques jours après il aperçut d'autres commis sous les murs du château de Joux ; il n'était assurément que l'objet de leur marche, n'importe, il fit feu comme par amusement, en tua un et blessa tous les autres.

Les prisonniers délivrés, les déserteurs qui fuyaient la main des archers, tous ceux enfin qui avaient du goût pour le crime ou qui en craignaient la peine, couraient s'enrôler sous les drapeaux de Mandrin. L'augmentation du nombre sembla promettre l'impunité, et les porta à tout oser. Les employés trop faibles ne suffisaient plus pour la garde des passages. Mandrin se plaignit de ce qu'il n'en trouvait plus sur sa route. On le vit en peu de temps fondre de la Savoie dans le Bugy, se porter aux bureaux de Nantua, de Bourg en Bresse, de Châtillon-les-Dombes, de Charlieu, de Roanne, de Thiers, d'Ambert, de Marsal, d'Arlan, de la Chaise–Dieu, de Pardelle, de Laugogne, de Tance, de S.-Didier, de S.-Bonnet-le-Château, de Bœu, de Montbrison, y déposer son tabac, et faire des exactions sur les adjudicataires des fermes, receveurs, entreposeurs et débitans. La célérité avec laquelle il exécuta toutes ces choses dans les bureaux des différentes provinces doit donner à connaître ce que Mandrin eût pu être s'il n'eût pas été brigand. Au Puy en Velay on lui dit que l'entreposeur avait des greniers pleins ; il ordonna qu'on les vidât pour la subsistance de sa troupe. Comme on mettait la main à l'œuvre, on vint lui annoncer que ce blé n'était qu'un dépôt et qu'un marchand le réclamait ; il parut le relâcher, et ne demanda que six cents livres au propriétaire, seulement, disait-il, pour lui apprendre à ne se plus trouver confondu avec des commis.

Tout ce qui paraissait appartenir à la ferme ne trouvait aucune grâce devant ce redoutable ennemi. Quelques employés qui avaient mal parlé de lui prirent la diligence par eau de Lyon à Châlons, n'osant tenter le chemin par terre : Mandrin arrêta la diligence, il tira sur le postillon qui n'obéissait pas ; entra seul dans la diligence avec cet air déterminé qu'on lui a connu, fit des perquisitions par-tout, tandis que ses gens étaient sur le bord de l'eau; et ne trouvant pas ceux qu'il croyait y être, ou qui surent se cacher, il se fit mettre à bord en homme qui a droit de commander.

Plusieurs bureaux, tels que ceux du Puy, de S.-Juste, de S.-Didier, de S.-Bonnet, de Clugny, de S.-Triviet et de S.-Laurent en Franche-Comté furent encore mis à contribution dans les mois suivans. Dans les uns il rechercha les employés, comme un chasseur va à la quête du gibier dans les campagnes, tua, blessa, sans ménagement et sans distinction ; dans les autres il vola l'argent, pilla les meubles, et brisa tout ce qu'il ne put emporter.

Le bruit de ses violences fut porté en cour, et parut en mériter l'attention. Il était à craindre que le mal n'augmentât, et quand il n'eût fait que rester au point où il était, le monarque, qui fait son bonheur et celui de ses sujets, ne les eût pas abandonnés au fer d'un brigand. Sa majesté envoya des troupes pour le combattre.

A cette nouvelle, Mandrin, qui eût dû mettre bas les armes, sentit augmenter son orgueil et accroître son courage. Il songea à faire des soldats, et chercha des recrues dans les prisons. L'art de les forcer ne lui était pas inconnu ; il pénétra rapidement dans celles de Bourg en Bresse, de Roanne, de Thiers, du Puy en Velay, de Montbrison, de Clugny, de S.-Amour, du Pont-de-Vaux et d'Orgelet ; et pour montrer qu'il marchait sans crainte, il se fit apporter les registres d'écrous de ces prisons, écrivit l'acte par lequel il donnait la liberté aux prisonniers, et signa.

Sur la route de Bourgogne, il rencontre des soldats du régiment d'Harcourt. L'envie de commencer des actes d'hostilité sur les troupes du roi le précipita au milieu d'eux. Les cavaliers attaqués mirent le sabre en main : un de leur troupe fut tué dans une décharge. Sa mort termina le combat, dans lequel il y avait plus d'ardeur que d'égalité. Mandrin ne dut cette faible victoire qu'à la supériorité de ses forces.

Le lendemain, 13 décembre, il se rendit à Seure, chercha soigneusement les employés, qui ne parurent pas, enfonça la porte de la maison du capitaine général, ouvrit ses armoires, et prit tout ce qu'il trouva. Il ordonna ensuite qu'on lui amenât les receveurs du grenier à sel et de l'entrepôt de tabac, pour leur prescrire la dure condition de compter de l'argent et de prendre du tabac. Seure était dans la confusion et le désordre; on crut voir renaître le temps malheureux de Jean de Gales. Mandrin fit dire au peuple de ne point interrompre ses travaux, qu'il n'était point l'objet de ses expéditions militaires, et qu'il prenait ses intérêts. Alors s'adressant aux deux receveurs, il leur dit : « Je sais, MM., ce que la probité et l'honneur exigent de moi. Vous êtes en place, vous êtes comptables, il est juste que je vous donne une reconnaissance des sommes que je vous demande, croyez qu'on la respectera. » Il la fit et signa *le capitaine Mandrin*. Non content de cette décision, il les contraignit de lui donner un reçu de son tabac, ce qu'il fallait faire.

Beaune, instruit de cette licence, la craignit et l'éprouva. Le 18 du même mois Mandrin se présenta sous ses murs. Sur l'avis qu'on lui donna que la bourgeoisie était sous les armes, il s'arrêta à quelque distance de la ville et fit ses dispositions. La porte qu'il attaqua fut défendue avec beaucoup de vigueur. La garde bourgeoise fit un feu très-vif du haut des remparts. Mandrin les menaça de faire sauter leur porte avec un pétard, ou d'y mettre le feu. Il s'avança ensuite à la tête de ses tirailleurs et l'enfonça. La chaleur de l'action lui permit encore de connaître quelque modération. Il pouvait ordonner le pillage, il arrêta sa troupe sous la porte même, et défendit les décharges. Comme il n'en voulait qu'à la ferme, il se fit amener le maire, et lui tint ce discours :

« Je suis ce Mandrin si connu dans le royaume, la terreur de la ferme et le libérateur des citoyens. Je ne viens point en ennemi de l'état, apporter parmi vous les horreurs de la guerre : Beaune est à moi, je peux y porter le fer, ou la livrer au pillage ; mais je respecte le sang des citoyens innocens, un autre sujet m'amène. Vous avez dans le sein de la ville deux bureaux qui me doivent des droits, je les taxe à vingt mille francs, hâtez-vous de faire compter cette somme par les mains du receveur du grenier à sel et du tabac; si vous balancez, vous devenez coupable : tremblez pour ces murs, craignez pour vous.»

Le maire de Beaune jeta des regards tranquilles sur les piquets qui l'environnaient, puis, prenant une noble fierté, il dit : « Si vous ne venez pas en brigand porter la désolation dans nos murs, pourquoi m'offrez-vous le spectacle des citoyens infortunés qui perdent leur sang pour la patrie! Quelle main a donné la mort à ces malheureux que je vois dans la poussière ? Ne sont-ce pas des victimes immolées à vos fureurs? Hélas! je suis le père commun, c'est contre moi qu'il fallait tourner vos coups, c'est ce corps qu'il faut percer, si vous avez du sang à répandre. Ne croyez pas que, pâlissant à la vue du fer qui me menace, j'irai trahir les intérêts de mon roi pour enrichir un sujet rebelle. Vous savez enfreindre les lois, je sais mourir ; mais songez que le crime n'a qu'un temps, et que les brigands qui vous escortent ne vous déroberont pas à la vengeance inévitable du souverain. »

Mandrin, peu satisfait de cette réponse, dit fièrement qu'il dédaignait le sang d'un robin, et qu'il voulait de l'argent. En même temps il fit saisir le maire par quatre fusiliers, et marcha en avant avec les grenadiers, et des torches ardentes. « Arrête, lui dit le maire, arrête; s'il ne faut que de l'argent pour écarter les horreurs dont tu nous présentes l'image, je trouverai de quoi satisfaire ton avarice : j'ai une maison, j'ai des biens, je te les aban-donne : viens, suis mes pas, prends l'or que je possède, enlève mes richesses, mais ne vole que moi seul, épar-gne ce peuple que tu vois. »

Cependant les receveurs, instruits de la généreuse fer-meté du maire, ne voulurent pas souffrir qu'il portât seul le poids d'une guerre qui n'était allumée que contr'eux ; ils firent promptement une somme de vingt mille francs. Mandrin les reçut par les mains du maire, et sortit de la ville en disant qu'on eût soin de tenir de l'argent prêt quand on le verrait paraître, et qu'il allait voir si les gens d'Autun seraient plus raisonnables.

Cette attaque coûta la vie à un soldat et à deux bourgeois, plusieurs autres furent blessés dangereusement.

Autun reçut le lendemain visite semblable. Mandrin rencontra sur son chemin des jeunes séminaristes, qui allaient prendre les ordres à Châlons; il les arrêta et les fit rebrousser chemin. Les portes de la ville étaient fermées. Mandrin s'empara des faubourgs, alluma des torches et tint des échelles prêtes. Ensuite, s'avançant vers la ville, il fit dire au maire que si les deux receveurs de sel et de tabac ne lui faisaient pas remettre la même somme que ceux de Beaune, il allait voir le sang couler, les faubourgs embrasés, la ville escaladée, les plus beaux édifices renversés, et tout au pillage; et pour aider à les déterminer, il leur montra la bande de séminaristes qui était en son pouvoir, et dit : Voilà mes ôtages. Ces jeunes gens étaient pour la plupart de la ville; les pères et mères jetèrent des cris à ce spectacle. Les uns coururent chez le maire, en versant des larmes; les autres furent chez les receveurs et crièrent hautement qu'eux seuls étaient cause de ces malheurs, et qu'ils allaient causer la ruine de la ville, qu'ils songeassent à écarter les dangers ou qu'on les livrât à l'ennemi.

Autun a de beaux monumens d'antiquité, reste précieux des Romains; on appréhenda que ces scélérats n'y portassent la main avant de se jeter dans la ville. Le maire proposa d'appeler leur chef, et de traiter avec lui. Mandrin voulut que sa troupe entrât. On ouvrit les portes, il la mena droit à l'Hôtel-de-Ville, et y entra avec deux hommes seulement. On lui demanda quel droit il avait pour lever des contributions. Il répondit qu'il avait pour les fermes le droit qu'Alexandre avait eu sur les Perses, et celui de César sur les Gaules. On voulait lui faire des représentations et obtenir quelque diminution : comme les choses n'avançaient pas à son gré, il jura de la plus belle manière. On lui compta son argent, il rendit les séminaristes, ouvrit les prisons et sortit.

Les troupes que la cour avait envoyées pour réprimer ces désordres, arrivèrent enfin aux environs d'Autun. Mandrin était alors dans la paroisse de Brion; il s'arrêta auprès du village de Grenade, et s'y retrancha. Monsieur de Fitcher, qui commandait les troupes légères s'avança pour les forcer; il trouva les retranchemens très-profonds, et plus réguliers qu'il n'avait cru devoir l'attendre d'un homme qui n'avait aucune connaissance des règles de l'art. Mandrin agissait sans principes, et ne s'en écartait pas, ce qui peut prouver qu'il a été à l'école de la nature. Il fit réflexion qu'il ne pouvait se conserver dans ce poste, qu'il était aisé de lui couper les vivres, que tous les retranchemens qu'on attaque sont toujours forcés, que les gens du pays pouvaient lui tomber sur les bras, enfin que toutes les troupes qu'on lui opposaient étaient harrassées d'une longue marche. Il tint son conseil de guerre; il fut résolu que l'on saisirait le moment, et que l'on sortirait sans délai. Il quitta ces retranchemens dès le jour même, et, par une audace que l'on ne peut définir, il marcha le premier contre les troupes de son roi. Telle a été sa conduite : du feu dans l'imagination, de la célérité dans l'exécution. Monsieur de Fitcher, qui ne s'attendait pas à ce mouvement, fit des dispositions à la hâte : Mandrin avait fait les siennes. Il parut à la tête de ses troupes, monté sur un cheval fin et le sabre nu. « Chers compagnons, leur dit-il, jusqu'ici je vous ai menés à la fortune, aujourd'hui je vous mène à la gloire. Nous avons trouvé des ennemis dignes de nous : ce ne sont plus de vils employés qui ne paraissent que pour fuir et qui ne savent vaincre que quand on ne résiste pas, ce sont les vainqueurs des Pandours et des Croates, encore teints de leur sang. Vous avez vaincu avec eux, refusez-vous de combattre avec eux? Si vous fuyez, vous êtes leur proie; si vous combattez, ils sont la vôtre. Marchez, détruisons ce corps affaibli par des marches pénibles : je vous livre, après la victoire, toutes les richesses des receveurs et toutes les têtes des employés. »

Cette harangue fut suivie d'une décharge qui incommoda beaucoup; les hussards et les dragons tinrent ferme, et répondirent de même. Le feu devint vif et roulant. Mandrin se porta par-tout où il y avait du danger; il vola de rang en rang, encouragea, pria, pressa, promit. Il commanda en capitaine, il se battit en soldat. Piedmontais, l'infâme assassin de la Mothe (*), fut tué devant lui. Il prit sa pique, mena sa troupe la baïonnette au bout du fusil, enfonça les rangs et se mêla en animant les siens au carnage. Dans la grêle des coups, il s'aperçut que Saint-Simon, son major, perdait le terrein qu'il avait gagné, il quitta un péril pour courir à un autre, se mit à la tête du corps de Saint-Simon, le mena en avant et rétablit le combat. Sa gauche, commandée par Perrinet, commença à plier; il y courut, le ramena jusqu'à trois fois à la charge, écumant de rage de ne pouvoir entamer. Il semblait se multiplier pour suffire à tout. Enfin après un combat de fureur et d'acharnement, ses trois corps de bataille furent enfoncés presqu'à la fois, poursuivis la baïonnette dans les reins et dispersés.

Ainsi Mandrin éprouva qu'un sujet révolté n'est jamais heureux contre son souverain, et que l'audace échoue contre l'habileté. M. de Fitcher ne dut la victoire qu'à sa prudence et au grand usage des combats. Il vainquit, mais il eut la douleur de compter parmi les morts des officiers et des soldats, dont la perte n'a pas été réparée par tout le sang de l'armée de Mandrin, et leur nombre était grand.

Ces contrebandiers ne firent plus rien de remarquable depuis ce temps. Mandrin ramassa une trentaine des débris de sa troupe, avec lesquels il vola quatre chevaux à des archers de Dompierre, dans le Bourbonnais; ce qu'il imita de Cartouche. De là il fut poignarder, au Breuil, cinq commis de la brigade de Vichi, et le lendemain il tua un particulier du village de S.-Clément avec toute la noirceur d'un assassin. Il semble qu'on le voit baisser dans ses traits et qu'il y ait de l'humeur. Celui qu'il as-

---

(*) M. de la Mothe, un des receveurs de la ferme, crut devoir ramener ce brigand par la négociation : il entre en conférence avec eux sur la foi promise. Piedmontais le poignarda sur le fort de Beauvoisin.

sassine lui demande la vie à genoux, il continue à enfoncer le poignard. Le vainqueur de Beaune et d'Autun devait-il se venger de la défaite de Grenaud ?

Il est vrai que Mandrin se trouva bien pressé par les troupes légères qui étaient à sa suite, et qu'il ne leur échappait que par des marches et contre-marches, ce qui le réduisait à tuer pour se venger et à voler pour vivre. Ensuite il mit en contribution les receveurs de Cervière, de Noire-Table et de la Chaise-Dieu : il tira sur la cavalerie des volontaires de Flandre et du Dauphiné, au village de la Stuverat, dans le Velay, ce qui paraissait annoncer le rétablissement de ses affaires. Ce fut cependant là que finit le cours de ses prospérités. Le dernier crime qui termina sa carrière fut la mort de la femme du brigadier des fermes de Noire-Table. Cette jeune personne allait ouvrir la porte lorsque Mandrin fit une décharge qui la perça. Peut-être ignorait-il qu'elle était derrière ; mais les juremens qu'il prononça en entrant, la brutalité avec laquelle il insulta à son malheur annoncent une ame barbare et le rendent coupable.

Un tel scélérat devait périr, le moment marqué par la Providence était arrivé. Il chercha sa sureté dans la fuite, il donna dans les piéges qu'on lui tendait. Un camarade, peut-être aussi misérable que lui, le vendit aux employés.

Il fut pris la nuit, lié dans toute la longeur du corps, et conduit ou plutôt apporté à Valance, le 10 mai 1755, avec cinq de ses camarades, et jeté dans les prisons de la cour souveraine.

Ce coup inespéré affligea d'autant plus Mandrin qu'il se voyait trahi et entre les mains de la ferme, obligé de répondre devant un tribunal établi en sa faveur depuis dix-sept ans. Il connut bientôt, à la façon dont on le gardait, qu'on n'avait pas envie de le perdre, et qu'il n'y avait plus guère de ressources dans la force ou dans les ruses. Monsieur Laverde Morval, commissaire de ce conseil, lui fit subir l'interrogatoire ordinaire. Mandrin répondit avec beaucoup de tranquillité et même avec politesse. On lui demanda quels étaient ses complices, il leur dit qu'on avait pu les voir en pleine campagne et dans les villes, qu'il n'avait pas meublé sa mémoire de leurs noms pour les traduire devant les juges. On l'interrogea sur les fauteurs de ses crimes, il nomma les receveurs des bureaux de Mendes, de Rhodès, de Beaune, d'Autun et de tous les environs ; enfin qu'il avait parcourus, et dit que c'était à eux seuls qu'il devait le débit de son tabac. Quand on lui représenta qu'ils n'avaient cédé qu'à la violence, il répondit que tous ceux qui l'avaient servi dans ces campagnes avaient obéi de même le pistolet sur la gorge : que cette façon d'agir lui avait paru plus sûre et plus propre pour le commandement ; que l'on ne pouvait attaquer les aubergistes qui étaient sur la route, sans rechercher auparavant les receveurs des bureaux, et qu'eux-mêmes, qui devenaient ses juges, n'auraient pas tardé à l'éprouver s'il fût resté libre.

Le bruit de la détention de Mandrin attira un grand concours de peuple. On accourut de toutes parts pour voir ce coupable dans lequel on prétendait trouver quelque chose de grand, s'il y avait de la grandeur dans le crime. On lui présenta un religieux pour confesseur, il répondit qu'il le trouvait trop gras pour un homme qui prêche la pénitence. Un particulier lui ayant rappelé qu'il l'avait vu autrefois, il dit : « Si tu me connais, tu ne dois pas me reconnaître. » La jour de sa fin approchait, et il persévérait dans son endurcissement. Un jésuite lui fit envisager son sort ; il parut ébranlé. Cet homme fier, qui avait affronté la mort dans la chaleur de l'emportement ou dans l'ignorance du péril, ne put en soutenir les approches quand il ouvrit les yeux pour reconnaître. Ce moment est toujours le point critique des prétendus philosophes. Ils le bravent, ils le méprisent dans la force de la santé, par l'orgueil ou par une bienséance d'usage ; ont-ils le temps de l'envisager de près, toute leur philosophie les abandonne. Mandrin devint docile sans cesser d'être fier. Il portait encore de l'audace sur le front, mais il sentit des regrets dans le cœur. Les discours du confesseur achevèrent d'abattre cette ame féroce. Il avoua ses crimes, et il les pleura. Le 26 mai il monta sur l'échafaud, et il le regarda sans orgueil et sans faiblesse. La coutume des criminels est de haranguer le peuple ; ils croyent tous qu'ils doivent finir orateurs, et que les spectateurs ne seraient pas contens d'eux s'ils ne disaient quelque chose d'édifiant. Mandrin se conforma à l'usage, il retourna les yeux vers le ciel, et levant tristement les bras, il dit : Voilà donc la fin que tu te préparais, malheureuse passion des richesses ! désir insensé, est-ce ainsi que tu m'amènes sur le théâtre de l'infâmie. J'ai vécu dans le crime, je meurs dans l'opprobre ; j'ai versé le sang innocent, je vais répandre le mien. Compagnons de mes forfaits, je vous ai trompés quand je vous ai promis l'impunité, et vous vous trompiez vous-mêmes quand vous comptiez sur le nombre et sur vos forces. Je rentre dans la nuit ; puisse mon nom être oublié aves mes crimes ! puissé-je les expier par ma douleur et par mon supplice ! Témoins de ma honte, éteignez dans vos cœurs les feux de l'ambition, si vous avez quelqu'horreur pour mon malheureux sort.

Après ces mots, Mandrin s'attendrit et fit pleurer son auditoire. Il remercia son confesseur, embrassa son bourreau, et s'étendit sur le lit douloureux qui l'attendait. Ah ! s'écria-t-il en versant des larmes amères, quel instant, grand Dieu, et que j'aurais dû prévoir. On lui rompit les bras, les jambes, les cuisses et les reins. Il mourut les yeux tournés vers le ciel, vengeur de ses crimes.

Ainsi finit le plus audacieux brigand que la France ait eu à punir. On a voulu qu'il fût officier : cette erreur n'est appuyée que sur le titre de capitaine qu'il usurpait, sur une croix de Saint-Louis qu'il portait devant lui. D'autres ont prétendu qu'il avait été formé dans les cafés de Paris : ces deux opinions tombent par la seule lecture de sa vie, Mandrin était un homme obscur, qui n'a suivi que sa brutalité et ses emportemens. Il a été scélérat, il en a subi le sort.

FIN.

www.ingramcontent.com/pod-product-compliance
Lightning Source LLC
LaVergne TN
LVHW022137080426

835511LV00007B/1159